신학 50년 여정에서 만난 선생님들

스승의 손사래

스승의 손사래 - 신학 50년 여정에서 만난 선생님들

지은이 / 이정배
펴낸이 / 조유현
편   집 / 이부섭
디자인 / 박민희
펴낸곳 / 늘봄

등록번호 / 제300-1996-106호   1996년 8월 8일
주소 / 서울시 종로구 김상옥로 66, 3층
전화 / 02) 743-7784
이메일 / book@nulbom.co.kr

초판 발행 / 2023년 5월 1일

ISBN 978-89-6555-105-8 03230

신학 50년 여정에서 만난 선생님들

스승의 손사래

이정배 지음

늘봄

나의 스승론

우연한 기회로 선생님 이야기를 쓰게 되었다. 40여 년 만에 고교 은사님을 만난 것이 계기가 된 것이다. 지난 삶을 돌이켜 보면 선생님들 은혜를 과하게 입고 살았다. 생각해 보니 이 책 속에 언급된 31분 선생님들 이외에도 감사해야 할 분들이 적지 않다. 일일이 그분들을 언급하지 못해 죄송하다. 시공간적 제약 탓에 만났어야 했는데 그렇지 못한 분들도 있어 아쉽기도 하다. 그래도 삶으로 부딪쳐 만났던 선생님들 덕에 오늘의 내가 있기에 이런 제약과 아쉬움에 지그시 눈을 감고 싶다. 늘 그렇듯이 어느 한 사람의 한계는 곧 특색이며 장점이자 단점이 됨을 아는 까닭이다.

　글에서 누차 적시했듯 이곳에 언급된 분들은 길고 짧은 차이는 있겠지만 직접 대면하며 삶을 나눴던 분들이다. 외국 학자들 경우 몇 분은 책을 통한 인연이 컸지만 그래도 얼굴을 맞댄 경험이 있었다. 스승으로 삼고 싶은 다른 분들도 있었으나 개인적 관계가 없었기에 안타깝지만 논외로 했다. 또 아내 이은선 교수를 포함한 것이 한국 풍토에서 낯설 수 있겠지만 '담론' 생산을 거듭 시도했고, 삶과 사상을 일치시키려 애썼으며, 내 삶을 이끌어온 벗이기에 주저하지 않았다. 남다른 고통을 이겨내며 책을 번역, 출판해온 선배이자 동료인 김준우 교수를 포함한 것도 존경하는 마음에서였다. 유동식 교수님의 경우 비판적 글이 된 것 같아 송구한 마음이 들었으나 진심을 다해 있는 그대로 썼기에 망설이지 않았다. 선생님 사후 추도사로 썼던 글이기에 앞선 글들과 성격을 조금 달리하지만 이 책의 틀 안에서 읽힐 수 있을 것이다.

　이 책에 실린 31분의 선생님들의 면모가 아주 다채롭다. 고교 시절 은사이신 박영규 목사님을 비롯한 고교 은사님 여러분, 신학대학 시절의 김철손, 변선환 선생님을 비롯한 냉천동의 여러 선생님, 필자를 신학교로 보낸 평동교회 장기천 목사님, 짧게 만났지만 창조적 상상력을 자극하신 장인 이신 박사님, 그리고 신학자로 활동하며 만났던 한신대 김경재, 성공회대 손규태 교수님, 우리 부부의 호를 지어주신 연세대 윤병상 교수님, 교파를 달리한 스승들인 천주교의 심상태 신부님과 김승혜 수녀님, 스위스 바젤 유학 시절에 만나 박사과정을 지도받았던 프리츠 부리와 하인리히 오트 교수님, 다석을 사랑했던 김흥호, 류승국 교수님, 도올 김용옥 선생님, 주로 책으로 만났지만 신학 사상에 지대한 영향을 미쳤던 폰 바이제커와 로즈마리 류터 등 몇몇 서구 사상가들, 겨자씨교회에서 만났던 오재식 박사님, 창조적 기업인의 상징인 엄주섭 장로님,

동학교도가 된 포도 농사꾼 김성순 장로님, 최근 빈번하게 만나 대화를 나누고 있는 이석영 교수님, 기독교에 비판적이었던 민족의학자 장두석 선생님, 내게 야성을 가르쳐준 북산 최완택 목사님 등이 그들이다. 이토록 여러모로 다양한 분들을 만나게 하신 하늘에 감사드린다.

한 사람의 신학자가 만들어지는 과정에서 이렇듯 많은 선생님께서 큰 역할을 해주셨다. 누군가 교회 하나 건축하는 것보다 신학자 한 사람 키워내는 일이 중하고 귀하다는 말을 남겨준 것을 다시 회상해 본다. '역사는 처음이 있어 마지막이 있는 것이지만 동시에 마지막이 있어 처음이 있다'는 말을 기억하며 스승과 제자의 관계 또한 비슷하다 생각했다. 하여 어느 순간 선생님이 제자를 키웠듯이 제자들 역시 스승을 세워 드려야 한다는 뜻을 마음에 품고 세울 수 있었다.

물론 선생님들에 대한 나의 기록이 빙산의 일각일 수밖에 없을 듯싶다. 내가 사적으로 경험했던 부분에 대한 기억을 더

듣어 썼던 까닭이다. 필자가 알지 못하는 선생님들에 대한 다른 면도 의당 없지 않을 것이다. 필자보다 이들 선생님에 대해 더 많은 정보를 갖고 사귐을 했던 분들이 있을 수 있다. 선생님들에 대한 필자의 글이 페이스북에 공개될 때마다 내가 알지 못한 낯선 다른 면모를 알려주는 분들이 더러 있었다. 필자의 경험 반경에서 쓰인 탓에 다른 분들의 그것과 충돌할 수 있는 지점도 발견되었다. 그런데도 필자의 경험은 여전히 소중한 것이고 그것들이 쌓여 오늘의 나를 있게 했기에 낯선 의견을 청취했음에도 당당히 소개했다. 나 역시 선생님들 모두가 옳고 정당하다 생각하며 썼던 것은 아니었기 때문이다. 선생님들 역시 감추고 싶은 부분이 없지 않았을 것이다. 그럴수록 조금 더 자주 그리고 깊게 만날 수 있었으면 좋았을 것이라는 아쉬움을 크게 느꼈다. 돌아가신 선생님들은 어찌할 수 없겠으나 생존해 계신 분들과는 이후라도 더욱 아름다운 추억을 만들 생각으로 이 책을 만들었다. 혹시라도 나이 70을 넘긴 시점에서도 새로운 선생님을 만날 수 있다는 기대도 하면서 말이다.

　필자가 선생님, 혹은 스승이란 단어를 화두처럼 생각했던 근원적이고도 원초적인 이유가 있다. 인간은 결코 홀로 되는 법이 없다는 자명한 이치 외에 다음과 같은 신학적 배경이 자리했다. 한마디로 다석 유영모의 독자(獨)적인 기독교 이해 때문이었다. 주지하듯 다석은 우리 인간을 본성상, 예수와 같은 독생자로 이해했다. 예수가 그랬듯이 우리 모두 하늘 바탈(얼, 본성)을 갖고 태어났다고 본 것이다. 이것을 하느님이 한시도 우리 곁을 떠난 적이 없었다는 '임마누엘' 신앙으로 받아들여도 좋겠다. 인습적 기독교가 강조하듯 예수와 우리들 간에 존재론적 차이를 인정치 않은 것이다. 하지만 우리가 예수를 하느님이라 고백하는 이유는 그가 자기의 몸을 줄여 마음을 넓혔던 사건, 곧 '십자가의 길'을 걸었던 까닭이다. 다석 사상에 있어서 십자가는 인습화된 교리와 달리 결코 믿을 대상이 아니었다. 예수가 걸었던 십자가, 그것은 우리도 그처럼 되어(살아)

야 할 것을 뜻했기 때문이다. 우리도 예수처럼 '하늘 바탈(얼)'을 갖고 태어났다는 점에서 앞전의 것을 '얼(바탈) 기독론'이라 한다면 그 얼을 불사른 예수의 십자가, 나중 것을 '스승 기독론'이라 이름 할 수 있겠다. 다석은 유불선의 도 일체를 하늘로부터 받을 것을 다 받은 종교(길)라 했으나 정작 자신은 예수를 스승으로 모시고 그 길을 걷다가 그 길에 들어섰다고 말했다. 다원성 속에서의 '무제약성'의 발견이라 할 것이다. 이런 길이 우리들 앞서 존재한다는 것이 은총이고 대속이며 그 길을 걷다가 우리도 그 길이 되어야 하기에 자속(自贖)이며 자유라 말할 수 있다. 다석 유영모의 현(실)존에 있어서 그 길은 예수의 십자가였다. 예수그리스도는 이처럼 대속적 존재가 아니라 스승 기독론이었다. 동양 전통에서 스승은 부모 자식보다 가까운 절대적 존재였다. 부모, 자식 간, 부부간에도 촌수가 있으나 뜻으로 엮인 스승의 말은 거역할 수 없고 촌수를 초월한 정언명령이 되었던 것이다. 지나고 보니 나도 스승의 말을 될 수 있는 한 그대로 따르려고 노력했던 것 같다. 아직 예수의 십자가가 내 길이 되지는 못했지만 말이다.

　이렇듯 필자의 스승, 선생에 대한 감각은 이런 신학적 배경에서 형성되었다. 인생의 매듭을 풀어야 할 때 선생님들이 먼저 손 내밀어 주셨고 갈 길을 제시하셨다. 앞서 나름의 길을 헤쳐 나오셨기에 제자들에게 갈 길을 제시할 수 있었던 어른들이었다. 내게 '스승'과 '어른'은 동의어처럼 여겨지는 개념 쌍이다. 언제든 필자의 상황을 먼저 헤아리며 말씀을 건넨 선생님들을 지금도 고맙게 기억한다. 그분들 덕분에 예상치 못한 인생의 길이 열렸고 다른 삶을 살아 볼 기회도 얻었다. 때론 좌절되기도 했지만 선생님들이 이끈 손길, 그 길로 나가보라고 떠밀어 주신 그 마음을 잊을 수가 없다.

　무엇보다도 내 학문의 지향이나 주장이 곁가지로 새지 않도록 만류하시던 선생님들의 손사래는 더더욱 잊을 수 없다. 학문의 길 대신 목회의 길을 권유하신 분이 있었고, 반대로 내 성향을 꿰뚫으시곤 현장(現場)보다는 학문의 길을 더욱 채근하신 선생님도 계셨다. 또 어떤 선생님은 철저한 환경 전문가의 삶을 권하기도 하셨다. 선생님들의 이런저런 손사래가 없었다면 아마도 지금의 나는 다른 내가 되었을 것이다. 저마다 방향은 달랐으나 사랑의 마음이 느껴졌기에 지금도 선생님들의 손사래는 고맙기 그지없다. 그 손사래가 내 부족함을 채우고 모자람을 성찰하는 계기가 되었음을 고백한다. 아울러 감신을 일찍 떠나려 했을 때 여러 선생님께서 만류했으나 그 뜻을 어겼던 기억을 죄송한 마음으로 간직하고 있다.

이렇듯 선생님들과의 귀한 인연으로 복된 삶을 살아왔기에 나도 제자들에게 그런 선생이 되고 싶었다. '스승만 한 제자 없다'는 말을 기억하는 바, 애석하게도 나는 그런 역할을 못한 듯싶다. 좀 더 잘살아야 했는데, 그래야 그 길을 가라는 손짓이 힘을 지닐 수 있었을 터인데 그리 못한 것이 부끄럽다. 과하도록 받은 은혜를 후대에 되갚지 못한 죄가 크다. 선생님에 대한 기억을 모아 이렇듯 글로 남긴 것은 이런 후회를 자각하여 후학들에게 더 좋은 선생이 되고픈 마음의 발로였음을 고백한다. 자녀들이 부모의 얼굴이듯이 제자들 역시 스승의 얼굴인 것을 잊지 않으며 살 것이다. 아무쪼록 이 책이 필자를 가르쳐 주신 선생님들에게 누가 되지 않기를 바라는 마음 가득 담아 세상에 내놓는다.

지난 2022년 늦은 봄부터 이 글을 페이스북에 거칠게나마 연재하고 있었는데 12월 중순경 늘봄출판사 이부섭 편집장이 생각지도 못한 제안을 해왔다. 필자의 선생님 이야기를 작은 책으로 묶어 보자는 것이었다. 당시까지 그런 계획이 추호도 없었으나 용기와 뜻을 갖게 되었다. 마침 개신교 온라인 저널 「에큐메니안」의 이정훈 편집자 역시 유사한 제안을 했던 차라 먼저 제안한 출판인의 의견을 수용할 수 있었다. 페이스북에는 25분 선생님 이야기를 소개했고, 이후 6분 선생님을 더 추가하여 이 책을 엮을 수 있었다. 이부섭 편집장이 학창 시절 필자의 제자였기에 이런 뜻을 전해 온 것으로 이해한다. 선생님들 이야기를 전하는 자기 선생의 글을 모아 보고 싶었을 것으로 짐작한다. 그러고 보니 내년 2024년은 내 나이 70세 이자 신학 공부 50년이 되는 시점이기도 하다. 이 점에서 나의 선생님 이야기를 이렇듯 한번 정리하는 것도 필요하다 생각했다. 여하튼 그의 제안으로 그의 수고를 거쳐 이 책을 출판하게 되었으니 고맙다는 말밖에 할 수 없다. 또한 선생님들 사진을 찾아서 내게 보내준 감신대 도서관 김문성 선생에게도 감사한다.

독자들에게 이 책이 스승과 제자의 관계를 소중히 생각하는 계기가 되었으면 좋겠다. 사람은 무엇을 먹는가에 따라 몸(육체)이 결정되고, 누구를 스승으로 — 책도 스승이다 — 삼느냐에 따라 생각(영혼)의 방향이 잡히는 까닭이다.

2023년 4월　부암동 현장(顯藏)아카데미에서

이정배 두 손 모음

1

신학의 길로 이끄신
선생님들

목사란 자의식을 갖게 하신 분

   대광고등학교 1학년 시절, 서울대 종교학과를 거쳐 장신대를 졸업하신 멋쟁이 목사님을 만났다. 이분은 내게 '목사'의 삶과 인격을 처음 각인시켜주신 분이었다. 나의 모교 대광에서 아주 오래 일하신 것으로 기억했으나 1년 남짓 가르치시다 미국 유학을 떠나셨다고 한다. 그 짧은 1년여 기간 동안 교목으로 재임하셨지만, 당시 친구들은 목사님에게서 큰 영향을 받았다. 그 짧았던 세월 중에 목사님은 나를 기억하셨고, 나 역시 목사님을 오랫동안 마음속에 크게 담고 살아왔다.

어렴풋한 기억으로 목사님은 당시 두세 살쯤 된 어린 딸을 졸지에 잃으셨던 것 같다. 기억건대 그 아이의 이름이 '이웃을 사랑하라'는 뜻의 애린이었다. 목사님의 슬픔을 어렴풋이 느꼈던 나는 반장으로서 성경 시간에 특별히 조용히 해줄 것을 친구들에게 부탁했었다. 당시 입시 위주 교육환경 속에서 성경 시간은 해방구였다. 잠자거나 다른 교과를 공부하는 기회였고 떠들며 스트레스를 푸는 시간이었다. 목사님은 그런 우리들을 이해했기에 평소 엄격하게 대하지 않았다. 예전과 달리 그날따라 조용한 분위기를 느낀 목사님은 자신의 슬픔을 이해해 준 제자들에게 감사를 표하시며 이런 말씀을 남기셨다. 정확한 표현(wording)은 아니겠으나 내 기억 속에 이렇게 남아 있다.

"만약 하느님이 내게 또 다른 생명을 주신다면 그 아이 이름을 다시 애린이라 지을 거다. 떠난 자식 이상으로 그 아이가 세상을 사랑하며 살도록 기도하겠다."

이 말씀을 듣는 순간 10대 중반의 사춘기 학생이었던 나는 망치로 머리를 맞은 듯 충격을 받았다. 큰 슬픔 중에도 이렇게 말할 수 있는 존재, 그가 목사란 사실에 감동했던 것이다. 아마도 그 사건 이후 어렴풋이나마 신학대학을 생각했던 것 같다. 목사라는 자의식이 생겨난 것이다. 그분 인도로 경기도 소재 차산리 농촌봉사활동에 참여했고, 그때 만났던 친구들이 평생지기가 된 것도 감사한 일이다. 이필완 목사도 그때 친구로 만났고, 향린교회 은퇴 후 불의한 세상에 사자후를 토하며 살고 있는 조헌정 목사 또한 당시 고교 학생회 종교부장이었기에 사귈 수 있었다. 합창반 활동에 열심을 냈던 나는 복음성가를 많이 작곡한 김두완 선생님의 지도를 받았다. 그분은 독일어 노래 가사를 박영규 목사님에게 종종 번역 의뢰하셨고,

목사님 수고로 우리 말 가사로 재탄생되었다. 그런 노래를 학교 찬양대에서 부르며 박 목사님에 대한 존경심을 갖게 되었다. 우리 학생들에게 박영규란 존재는 대단히 멋지고 실력 있는 목사님으로 각인된 것이다.

시간이 참 많이 흐른 후 2022년 5월 어느 날 우연히 뵙게 되었다. 80대 중반을 넘기신 목사님과 이제 곧 70이 될 제자의 만남이었다. 분명 하늘의 뜻이 있었던 듯싶었다. 대구 계성고등학교를 졸업한 목사님의 둘도 없는 고교 동창생 친구를 통해서였다. 친구분은 음악 박사이자 종교철학 분야의 전문가였다. 그는 여러 면에서 나를 놀라게 했다. 함석헌 선생을 존경하여 그분 살아생전 거의 30년간의 강의를 영상으로 찍었고, 그분의 강연 원고 일체를 몇 상자 분량으로 출력, 보관하고 있었던 까닭이다. 보수신학에 찌든 자신의 종교 울타리를 부수고 새 지평을 열어준 함석헌에 대한 존경과 사랑이 컸기 때문이었다. 어느 순간 나이 든 자기의 삶을 정리하고자 자신의 자료 일체를 넘겨받아 연구할 후학을 찾는 중이었다. 그의 스승 다석 유영모를 잘 알고 그와 함석헌을 잘 연결할 수 있는 후학 이면 더 좋겠다고 생각하며 연구자를 물색하고 있던 차였다. 이를 고교 동창생인 박영규 목사와 의논하던 중 이정배란 이름을 듣게 되었고, 나에 대해 알게 된 이후 적임자로 판단해 전화를 주신 것이다. 그 자료를 바로 박영규 목사님과 동석한 자리에서 건네받을 수 있었으니 재차 크게 놀랐다. 그 엄청난 자료를 고등학교 1학년 때 만난 제자가 받아 연구할 수 있는 계기를 만들어주셨으니 경이롭기까지 했다. 오랫동안 소식이 없었지만, 목사님은 멀리서 말없이 제자의 활동과 연구를 지켜보셨던 것 같다.

아주 짧은 시간이었으나 목사님의 삶과 사상 그리고 목회에 관한 이야기를 들을 수 있었다. 고교 교목을 사임한 이후 곧바로 미국 유학을 떠났고, 그곳에서 동방교회 수도원 연구를 하셨다고 한다. 귀국 후 목회하며 종종 대학에서 가르치셨는데,

주변의 오해를 받으면서도 현실교회와의 불화를 감수하고 교회의 수도원화를 위해 많이 노력하신 듯싶었다. 주지하듯 수도원은 오늘의 교회와 달리 삶(생활)의 공동체였다. 먹는 것, 입는 것, 약품 생산, 건축 등 모든 것이 함께 이뤄진 공간이었다. 목사님은 지난 30년 목회를 통해 이런 일이 가능토록 많이 준비하신 것 같았다. 건강을 위해 발효식품 연구자를 키웠고, 토양 생태를 바꾸기 위해 미생물 전문가를 배출했으며, 한의학 연구자를 키워 지치고 병든 삶에 도움을 주고자 했다.

이제 시간이 흘러 교회 공동체를 통해 성장한 연구자들의 열매를 나누고자 하나 정작 교회들의 관심이 적었다. 예수 믿고 천국 가는 것만을 복음이라 여겼던 탓일 것이다. 목사님은 필자가 수년간 몸담았던 '작은 교회' 운동을 익히 잘 알고 계셨고, 그 터전에서 뜻을 펼치면 좋겠다는 말씀도 내비치셨다. 멋진 제안이라 생각하며 마음속에 담아 두었다. 50여 년 전, 고교 시절 1년 남짓 짧게 만났던 목사님 덕에 기독교가 낯설었던 나는 목사가 무엇인지 알 수 있었고, 신학이란 길에 뜻을 둘 수 있었다. 신학 공부 50년을 맞는 현시점에서 오늘의 나를 생각하면 박영규 목사님을 먼저 떠올리지 않을 수 없다. 목사가 어떤 존재인지를 내 의식 속에 처음 각인시킨 분인 까닭이다. 늦게 다시 만난 선생님, 온갖 '오해'를 받고 억측을 당하면서도 수도원 전통의 교회를 위해 터 닦았던 노력이 결실을 맺었으면 좋겠다. 후술할 김창락 선생님도 대구 계성고교 출신으로 대광에서 같이 근무하셨는데 목사님과의 추억을 많이 갖고 계셨다. 이 두 분을 다시 만나게 해드려야겠다.

모교 교장직을 제안하신 스승님

고교 재학 시절 김유영 선생님은 학생회를 지도하는 책임 교사였다. 모교 1회 졸업생으로 대선배이기도 했던 그분은 학생들에게 대단히 엄격했다. 하지만 후배이자 제자인 학생들을 애정을 갖고 대했던 것으로 기억한다. 재학 중 학생회 활동에 적극적이었던 내게 선생님은 유독 유순하고 자상한 분이었다. 고교 2~3학년 동안 총학생회 부회장과 총무부장직을 맡아 활동하며 그분 머무신 학생회 지도실에 자주 들락거렸기 때문일 것이다. 지금 생각해도 당시 나는 학교 학생회는 물론 교회 활동 또한 참으로 열심히 했던 것 같다. 공부보다는 활동에 우선 순위를 뒀기에 소위 '범생이'의 삶은 살지 못했다.

선생님은 서울대 문리대 출신으로 독일어를 가르치셨다. 당시 입시에 서울대학교만 독일어를 필수과목으로 정했기에 연·고대 지망생들은 독일어에 관심을 두지 않았었다. 상대적으로 소수인 서울대 지망생들만이 선생님 수업에 귀를 기울였을 뿐이다. 이런 상황이고 보니 독일어 수업이 제대로 진행되기 어려웠다. 당시 대광고등학교는 연·고대 진학률이 전국에서 가장 높은 곳으로 유명했다. 물론 나는 고교 2학년 때 신학교 진학을 내심 결정했기에 독일어에 관심을 두지 않아도 되었으나, 학생회 지도 선생님 과목이라 입시와 무관했음에도 독일어를 포기할 수 없었다. 힘들었지만 다수 학생들처럼 선생님의 눈길을 피하지 않고 독일어 수업을 열심히 따라갔다. 선생님도 그런 나의 마음을 아시고 열심히 가르쳐 주셨다. 당시 배웠던 독일어가 이후 감신에서 신학을 공부할 수 있는 토대가 되었으니 선생님 가르침에 감사하지 않을 수 없다.

스위스 바젤 유학 시절 스승의 날 즈음에 간혹 선생님께 편지를 드렸던 것으로 기억한다. 그때마다 선생님은 내 편지보다 더 많은 분량의 답장을 보내 주시곤 했다. 귀국하여 감신 교수로 20년 재직할 동안 한 번도 선생님을 찾아뵙지 못했고, 소식도 나누지 못하며 지냈다. 그런데 노무현 대통령이 서거하던 14년 전 스승의 날에 선생님께서 감신대로 갑작스레 찾아오셨다. 스승의 날에 스승이 제자를 찾아왔으니 얼마나 민망하고 죄스러웠는지 몸 둘 바를 몰랐다. 대광 출신인 이원규, 왕대일, 박종천 교수 등도 선생님을 반갑게 맞이했다. 이후 선생님은 조용히 할 말이 있다 하시며 내 연구실로 자리를 옮기셨고 긴 시간의 대화가 이어졌다.

그동안 선생님은 학생회 지도교사를 거쳐 모교 교장으로 일하셨고, 몇 년 전 은퇴를 하신 상태였다. 대화 도중 청천벽력의 말씀을 하셨다. "감신에서 20년 이상 가르쳤으니 이제 모교 교장으로 오라"는 것이었다. 일주일 시간을 주겠으니 생각해 보라고 독촉까지 하셨다. 권유였지만 거의 명령처럼 들렸다. 이 소식을 전해 들은 가족들, 특히 두 아들들은 한사코 반대했다. 당시 대광고는 자사고로의 전환을 앞둔 상태였다. 기독교 학교의 정체성과 대학 입시 성적 간의 가치충돌을 해결해야 할 소중한 시점이었다. 이 과제를 해결해 보라는 선생님 말씀에 일리가 없지 않겠다 싶었다. 성격상 선생님 말씀을 바로 앞에서 거부하기 어려워 검토해 보겠다는 말씀을 드리고 헤어졌으나 걱정이 컸다. 뭉그적거리는 한 주간 동안 선생님은 여러 차례 전화를 주셨고 받아들이라고 최후 통첩하셨다. 결국 일주일 만에 인사 소위원회가 대광 교정에서 열렸고, 거기에서 교장 후보로 단숨에 결정되었다. 고교 시절 장래 희망을 표하는 난에 3년에 걸쳐 선생을 비롯하여 정치가, 목회자를 적었던 기록까지 내밀었던 것이다. 총동문회를 비롯한 여러 곳에서 축하 전화가 수차례 걸려 왔었다. 하지만 정작 내 마음속엔 큰일 났다는 생각뿐이었다. 감신대를 정말 떠날 수 있을 것인지, 어찌 정리할 것인지 걱정스러웠다. 박사 논문을 지도하던 학생들도 여럿 있었기에 더더욱 그랬다. 당시 고등학생이었던 두 아들들의 반대도 컸기에 더더욱 말이다.

인사 소위원회가 있던 날 해프닝이 있었다. 6명 인사위원 중에는 대학 총장, 유명 대학 교수들도 있었다. 대부분이 교회 장로님들이었다. 다소 늦게 참석한 한 위원이 노 대통령 서거 소식을 전하면서 심한 욕지거리를 해댔다. 고교 출신이 대통령 된 것도 부끄러운데 자살까지 했으니 나라의 국격을 떨어뜨렸다는 것이다. 엄청난 소식에 매우 놀랐으나 그보다 화가 치밀었다. 한 나라의 대통령, 그의 비극적 죽음을 이처럼 모질게 평가하는 것에 대한 강한 반감이 생겼던 것이다. 그 자리에서 다소 언성을 높이며 그렇게 말한 분과 몇 차례 격한 말을 주고받았다. 잠시 그 자리가 나의 인사 소위원회란 사실을 잊을 만큼 그렇게 말이다. 그런데도 인사 소위원회가 만장일치로 나를 교장으로 택해주었다. 하지만 전혀 기쁘지 않았다. 기쁘기는커녕 가슴이 참으로 먹먹했다. 모교이긴 하지만 장로교 미션스쿨의 여실한 모습을 봤기 때문이다. 일주일 후 이사회 전원이 모인 자리에서 인사치레만 하면 교장이 될 수 있었다. 하지만 당일 이사회는 나를 호출하지 않았다. 고 변선환 교수의 제자라는 사실이 이사회에서 문제가 되었던 모양이다. 여러 경로를 통해 내 신학적 주장을 포기하는 각서를 쓰면 교장취임을 허락하겠다는 이야기가 들렸다. 김유영 선생님도 그리하면 좋겠다고 내게 누차 권고하셨다. 본인이 추천한 사람이었기에 더더욱 책임감을 느끼셨을 것이다. 하지만 각서를 쓰면서까지 그 직을 받을 수는 없었다. 신학자의 삶과 교장의 삶은 다를 수밖에 없을 것이나 그 판단은 오롯한 내 몫이라 생각했기 때문이다.

대광(大光)은 목회자를 가장 많이 배출한 단일 고교로 유명하다. 예장에는 대광 출신 목회자들이 오백 명가량 있다고 한다. 이것이 자랑거리가 될 수 없는 현실이 되었으니 가슴 아프다. 한국 개신교의 몰락에 이분들의 책임이 더 클 수도 있는 탓이다. 여하튼 스승의 날만 되면 14년 전 제자를 찾아오셨던 김유영 선생님 생각이 간절하다. 옛 제자를 기억하고 교파와 관계없이 장로교 계열 모교의 책임자로 세우려 애썼던 선생님, 신실한 장로님께 한없이 송구하다. 이후 무슨 일로 선생님 부음 소식을 듣고도 문상하지 못했던 기억까지 겹쳐 스승이 날이 될 때마다 마음이 무겁고 아프다.

엘리트 영어 선생님에서 신학 교수로

많은 사람이 의아해할 것이다. 한신대 신약학 교수로 은퇴하신 김창락 교수님이 어찌 평생 감신대에 적을 두었던 나의 은사가 되었는가를 말이다. 나는 선생님을 고교 1학년 시절 대광학교에서 만났다. 서울대 영문과 졸업 후 실력 있는 영어 선생으로 모두의 기대 속에 우리 입학보다 몇 년 앞서 대광에 부임하셨다. 앞서 소개한 박영규 목사님과 대구 계성고 동문이었는데 선생님은 목사님보다 길게 10여 년간 대광에서 근무하셨다. 영락교회 재단인 대광은 선생님들에게도 학내 금연을 요구할 정도로 신앙적으로 엄격했다. 담배 유혹을 참을 수 없었던 선생님들의 경우 10분 휴식 시간을 이용하여 교문 밖에서 급히 한 대 피우고 가쁜 숨을 몰아쉬며 교실로 돌아오시곤 했다. 이런 분위기에 반발심이 들어 선생님은 평소 마시지 않던 술을 오히려 대광에서 배우셨다고 술회했다. 모순도 이런 모순이 없는 듯하다. 선생님의 신앙적 순수함(?)이 오히려 미션스쿨에서 무너졌으니 말이다.

경상도 출신 선생님의 영어 발음은 우리가 들어도 좋아 보이지 않았다. 하지만 선생님은 발음을 잘해야 한다고, 특히 악센트를 정확히 할 것을 거듭 요구하셨다. 제대로 연습하지 못한 학생들을 엄하게 대하셨다. 아마 나는 발음이 좋지 못한 학생들 축에 속했던 것 같다. 많이 혼났고 매 맞은 기억도 있다. 발음 연습 부족으로 아주 혼쭐 난 것이다. 그런 선생님이 불현듯 어느 신학대학에 입학하신다는 풍문이 떠돌았다. 신학에 막 눈을 뜨기 시작한 나에게 이는 대단히 큰 사건이었다. 이후 수소문 끝에 한신대에 입학하셨다는 소식을 접했다. 하늘처럼 여겼던 엘리트 선생님이 신학을 공부하러 신학대학에 입학하신 것은 당시 내게는 충격적 사건이었다. 모두가 우러르는 영어 선생님이 목사가 되고자 재차 신학대학에 입학했다는 사실이 믿어지지 않았다. 예사롭지 않은 선생님의 결단은 이후 신학을 선택할 수 있는 용기의 원천이 되었다.

선생님은 광주 5.18 시기를 전후하여 독일에 유학 차 체류하셨다. 민중 신학자인 안병무 선생의 대를 잇는 신약성서 학자가 되고자 열심히 공부하고 계셨던 것이다. 하지만 논문을 쓰면서도 한국 상황에 대한 걱정과 동참할 수 없는 안타까움에 늘 좌불안석이었다 한다. 학위를 마치고 귀국하셨으나 그때의 부채 의식이 계속해서 선생님의 가슴을 억눌렀다. 이후 선생님의 삶은 부채 의식 청산에 초점이 맞춰졌다. 어디서든 자신을 부르면 마다치 않고 달려가셨다. 사례금 없이도, 서너 사람 모인 자리도, 아무리 먼 거리일지라도 자신의 강의를 듣고자 하는 이들에게 달려가서 메시지를 전하셨다. 아마 선생님의 학문 전체가 이런 마음의 발로에서 이뤄진 것이라 가늠해 본다. 이 점에서 내가 보기에 선생님의 성서 이해는 스승 안병무를 능가하는 측면이 있다. 민중신학이 귀족성을 벗고 오롯한 민중성을 띤 것은 김창락 선생님에 이르러서였기 때문이다. 나의 종교신학(토착)적 사유와 선생님의 성서신학 메시지가 때론 너무도 잘 부합했던 경우를 여러 차례 발견했다. 어느 경우에서 선생님은 나보다도 훨씬 더 급진적으로 성서를 풀어내셨다.

얼마 전부터 나는 선생님과 두 달에 한 번꼴로 만나며 지내고 있다. 이런 만남이 지속된 지 십여 년이 된 것 같다. 용산역 뒤편 허름한 고서점이 우리들의 미팅 장소이다. 만날 때마다 지금도 몇 권씩 책을 골라 나오신다. 이후 근처에서 국밥

한 그릇 나누며 담소하고 헤어진다. 당시 무슨 사전을 만들고 계신다고 들었는데, 그 책이 『그리스어야 놀자』(분도출판사, 2022)로 출판되었고, 지난해 선물로 주셨다. 희랍어로 성서를 읽으면 나의 조직신학적 사유가 더 확장될 것이라는 덕담과 더불어서 말이다.

지금 선생님은 80대 후반에 이르셨고, 프랑스 여행 중 얻은 사고 후유증으로 건강이 좋지 않으시다. 그래도 국밥 한 그릇은 충분히 소화해 내시니 다행스럽다. 만날 때마다 선생님은 당신이 "영어 선생이었다는 말을 누구에게도 하지 말라"고 하신다. 본인도 영어 발음하는 것 잊고 산 지 오래라 하셨다. 이 말씀을 하실 때는 유독 크게 웃으며 말씀하신다. 당신이 그토록 발음을 강조했던 것이 선생님에게 좋은 추억거리가 된 것 같았다.

해마다 5.18 무렵이 되면 나의 부채 의식과 선생님의 삶이 중첩되어 떠오르곤 한다. 대학 시절 김정택 목사님을 비롯한 선배들은 나를 운동권 학생으로 만들기 위해 많은 공을 들였다. 나 역시 조금은 그 세계에 눈을 뜨고 싶기도 했다. 서로의 마음이 응할 수도 있었지만, 변선환 선생님을 만난 이후 학문하는 쪽으로 방향을 돌리고 말았다. 5.18 당시 대학원을 마친 상태에서 군 복무 중이었기에 상황을 옳게 파악할 수 없었던 것도 한 이유가 되었다. 그렇기에 이날이 되면 희생자들에게 너무도 미안해서 머리조차 들지 못한다. 선생님과 달리 나는 아직도 그런 부채 의식을 떨쳐내지 못했다. 그래도 김창락 선생님을 보며 앞으로 남은 세월 선생님처럼 살고자 다짐할 수 있어 고마울 뿐이다.

고등학교 시절 1년을 배웠던 선생님, 그분이 신학대학에 갔기에 나도 그 길을 용기 있게 선택할 수 있었다. 아무도 믿지 않는 집안 환경이었음에도 발걸음을 옮길 힘을 얻은 것이다. 선생님과의 만남이 앞으로도 길게 이어질 것이다. 지금처

럼 여전히 허름한 헌책방에서 거듭 만날 것이다. 물론 선생님
이 건강하셔야 가능한 일이다. 2022년 12월 29일 연말에도
만나 뵈었다. 뵈올 때마다 선생님의 건강을 더욱 기원하게 된
다. 김창락 선생님과 늘 이곳에서 함께 만나는 선생님이 계신
다. 전북대 해직 교수로서 김창락 선생님과 나이가 같으나 선
생님에게서 신학을 배웠던 이석영 선생님이다. 지금은 두 분
이 세상에서 둘도 없는 친구가 되었다. 만날 때마다 서로의 안
부를 물어주는 두 분의 오래된 우정을 지켜보는 것만으로 마
음이 기쁘다.

장기천 목사님

신앙의 멘토로서 성직자의 기개를 가르치신 분

해마다 5월이 되면 기억하고 감사해야 할 한 분 목사님이 계
시다. 벌써 10여 년 전 5월 7일 소천하신 감리교단의 감독이
셨던 장기천(1930~2007) 목사님이다. 그날은 나의 아내 이은선
교수의 생일이기도 해서 내겐 평생 잊을 수 없는 날이 되었다.

중학교 3학년 말 서대문 감신대 건너편에 있는 평동교회에서 새로 부임하신 목사님을 만났다. 그분의 결정적 영향 속에 감신대를 가게 되었고, 졸업 후 목사님을 도와 모(母) 교회 전도사로 몇 년간 함께 일했다. 당시 나는 영락교회 중등부 임원 활동을 마치고 친구 이필완의 권유로 그의 부친이 장로로 있는 평동교회로 이적했다. 영락교회밖에 모르던 내가 감리교가 무엇인지 묻지도 않은 채 친구 따라 강남 갔던 격이었다. 본래 이필완은 서울 음대 지망생이었는데 집안의 가장 역할 하던 형님의 갑작스러운 죽음으로 방향을 바꿔 나와 함께 신학의 길에 들어섰다. 우리는 장기천 목사님 설교를 들으며 함께 꿈을 키웠다. 장 목사님은 내게 신학의 길을 권유하며 다음 세 가지를 충고해 주셨다. 신학에 입문하려면 첫째 본인의 자질과 성품이 중요하고, 둘째 좋은 목사를 '멘토'로 만나야 할 것이며, 마지막으로 신학교에서 훌륭한 선생에게서 배워야 한다는 것이었다. 그러면서 목사님은 당신의 친구 변선환 교수를 소개해 주셨다. 하지만 내가 신학교에 입학하던 당시 변선환 교수는 아직 바젤대학교에서 귀국하지 못한 상태였다. 목사님의 말씀이 있고 난 이후 나는 첫 번째 조건을 어떻게 조금이라도 갖춰 보겠다고 애를 썼다. 지금껏 장기천 목사님과 변선환 선생님, 친구 간이던 두 분을 만난 것이 내게는 복이었다.

목사님과 더불어 교회를 섬기면서 그분의 호연지기, 기개가 부러웠다. 그분의 군목 시절의 이야기를 잘 기억하고 있다. 자유당 정권 말기 목사님은 전방 어느 지역에서 군목으로 일하고 있었다. 이승만 대통령이 전방 시찰 중 갑자기 자신이 섬기던 교회로 방문한다는 소식이 들려왔다. 군인 신분이었지만 장 목사님은 정치적 발언도 교회에서 서슴지 않았다. 이미 자유당의 부정부패를 질타하는 내용으로 주일 설교 준비를 마친 상태였다. 설교 내용을 바꿀지를 고민하지 않을 수 없었다. 하지만 대통령이 온다고 준비한 말씀을 바꿀 수는 없다 생각했다. 대통령 얼굴 앞에서 준비된 설교를 끝냈을 때 이 대통령의 부관이 시뻘건 얼굴을 하며 "저놈 죽여 버릴까요"라고 말했다고 한다. 능히 그럴 수 있는 시대였을 것이다. 하지만 그의 배포를 알아본 이승만이 오히려 그를 육군본부로 불러들였다는 후문이다. 이외에도 목사 장기천을 설명하는 이런 유의 이야기가 적지 않으니 부러울 뿐이다.

내가 신학교 다니던 시절 평동교회는 작았으나 민주화의 보루 역할을 했다. 불허된 시국 강연들이 주로 여기서 이뤄졌다. 수많은 정보원이 교회 주변을 서성이곤 했었다. 당대 민주인사들을 이곳에서 만났던 바, 내겐 이것이 큰 자부심이자 자랑거리였다. 기독교방송국에서 자주 평동교회 예배를 생중계했다. 장기천 목사의 거침없는 설교 때문이었다. 동대문교회 목회 시절 종로 국회의원에 출마했던 노무현 후보가 교회를 방문했던 적이 있었다. 예배 후 그를 소개하면서 목사님은 "노무현 후보는 국회의원을 넘어 대통령까지 할 사람이니 잘 지켜보라"는 덕담을 하셨다. 사람 보는 총기와 혜안이 남달랐던 분이다. 대통령 당선 후 노무현도 당시 이렇게 말했던 장기천을 종종 떠올려 이야기했다고 들었다. 정신대 할머니들의 활동도 그분과 더불어 시작되었다. 고 김학순 할머니가 장기천 목사님을 만나 교회에서 자신의 과거를 고백했기에 이후 수많은 할머니가 커밍아웃할 수 있었다. 개인적으로 수치스러웠던 과거사를 엄하게 보이는 남성 목사에게 용기 있게 고백, 발설할 수 있었을까를 거듭 생각해 본다. 그가 남성적 기개뿐 아니라 속 따스함도 지녔던 까닭일 것이다. 이 두 가지를 함께 보고 할머니가 고백했을 것이라 추측한다.

그분 밑에서 전도사 일을 하면서 나는 실수를 연발했다. 토요일 오후 교회 일 놔두고 청년들과 놀러 간 적도 있었다. 주보 오탈자를 제대로 못 찾아내어 목사님을 화나게 했던 기억도 있다. 월요일 새벽기도는 항시 내 몫이었는데 늦잠 자다가 놓친 적도 몇 차례 있었다. 이 모든 일을 인내로 지켜보며 자신이 선택한 신학생 한 사람을 옳게 만들려고 노력하셨다. 그분에게서 배운 것은 예언자적 기개와 따스함 외에 개방적 삶도 있었다. 작년에 고인이 되신 김영혜 사모님이 없었더라면 불가능한 일이었을 것이다. 누구든지 배고프면 사택에서 허기를 채울 수 있었다. 식사 시간마다 가족보다 방문객이 더 많았고, 자녀들은 그들이 떠난 이후 밥을 먹곤 하였다. 미국감리교에서 감리사로 일하는 장위헌 목사가 어릴 때 한 말이 있다. "우리 집은 '피'보다 '물'을 더 중시한다"고. 이때의 '물'은 성도를 일컫는 것이겠다.

그분이 감리교 감독으로 활동하셨던 시기에 대한 기억은 정작 크게 없다. 광화문 감리교 빌딩을 계획하신 것만 기억한다. 그보다 내게는 중국 조선족 동포에 대한 목사님의 관심이 중요하다. 도문 지역에 초등학교를 세우고자 몇 차례 오가셨던 또렷한 기억이 있다. 당시 철없던 나는 기회가 있었음에도 그곳을 방문하지 못했다. 어리석은 일이 아닐 수 없다. 그 일이 목사님의 통일운동의 단초였던 까닭이다. 지금 나와 이은선 교수가 그때의 회한으로 통일신학에 관심 갖고 있으니 그나마 다행스럽다. 하늘에 계신 목사님이 장하다 여기실 것 같다. 빼

놓을 수 없는 다른 기억 하나도 소개한다. 30대 후반 인천 어느 교회에서 법정 스님을 강대상에 모셔 말씀을 청한 적도 있었다. 문필가였던 법정과 감리교 잡지 편집자였던 장기천 목사가 글 인연으로 자주 만났던 까닭이다. 당시 법정이 남긴 유명한 말이 있다. "당신들 믿는 하느님이 얼마나 힘이 세기에 나 같은 중놈을 단 위에 세우는가?" 여기서 중은 법정 스스로 자신을 낮춘 겸손한 말이겠다. 목사와 스님 모두의 배포와 힘이 예사롭지 않다. 그런데 지금은 이렇듯 배포 있는 어른이 없어 두 종교 모두가 잘못되고 있는지 모를 일이다.

2

신학의 바탕을
만들어 주신
선생님들

김철손 교수님

아버지 같은 너른 품을 지녔던 은사님

　고교 시절 만났던 앞선 선생님들에 이어 신학대학 은사님들과의 인연을 생각해 볼 순서가 되었다. 그 첫 번째 분이 김철손(1917~2003) 교수님이다. 아마도 선생님께 배웠거나 기억하는 이들이 많지 않을 듯싶다. 1970년대 후반에서 80년대 초엽쯤 감신대나 협성신학대학에 다녔던 이들에게나 선생님 얼굴이 떠올려질 것이다.

신학대학 1학년 시절 선생님은 희랍어와 신약성서 통독과목을 가르쳤다. 새롭게 배우는 희랍어에 흥미가 생겼으나 선생님의 교수법은 말하자면 좀 고리타분했다. 재미라곤 없는 희랍어 수업, 그래도 나는 흥미를 갖고자 애썼다. 손주뻘 되는 제자들에게 성서 언어를 가르치는 일이 연세 높은 선생님으로서 쉽지 않으셨을 것이다. 나 역시도 필수 두 학기 채운 후 결국 희랍어와 작별했다. 성서 고전어를 배워 성서신학을 전공할 자신이 없었기 때문이다. 학문에도 저마다 자기 성향에 맞는 분야가 있는 것 같다.

선생님의 성품은 대쪽 같았다. 말씀은 부드럽게 하셨지만 항시 강함이 배어 있었다. 과제에 대해서는 항시 엄격하게 책임을 물으셨다. 선생님 덕에 신약성서를 제대로 통독했던 것 같다. 성서 통독은 사실 서너 차례 성서를 베껴 쓰는 단순 작업이었다. 동시에 지난했기에 중도 포기하는 이들도 생겼지만 나는 할 수 있는 한 정성을 다 쏟았다. 강직한 선생님 덕분에

의무감을 갖고서 성서를 제대로 읽고 정리했던 바, 이후 그것
이 얼마나 큰 힘이 되었는지 고마움이 크다.

대학 2학년 때인가 선생님은 미국에 안식년을 다녀오셨다.
1년 만에 뵌 선생님은 예전 모습과 많이 달라져 있었다. 옷 색
상도 화려해졌고, 머리 모양도 많이 세련되었다. 처음 뵈었을
때는 시골 촌부처럼 느껴졌었는데, 1년 만에 미국 문화에 익숙
한 멋진 노학자가 되어 돌아오신 것이다. 하지만 얼마 지나지
않아 선생님 모습은 예전 그 모습으로 다시 돌아왔다. 소박한
촌부, 엄한 할아버지 선생님이 되신 것이다. 지금까지 내 머릿
속에 남아 있는 선생님의 모습이 그러하다. 그런 선생님이 후
일 본인과 성향이 똑 닮았던 한신대 성서학자 전경연 박사님
과 사돈을 맺은 것을 우리 모두는 신비롭게 여겼다.

스위스 유학을 마치고 1986년 귀국하니 선생님은 이미 은
퇴하셨고, 협성대학 총장으로 재직 중이셨다. 감신대에서 은

퇴한 선생님 중에서 유일하게 명예교수 직함을 갖고 계셨다. 감신 교수로서 이후로 누구도 그런 직함을 얻을 수 없었다. 제도 자체를 폐기했던 까닭이다. 귀국 후 얼마 되지 않아 선생님 고희를 기념하며 첫 헌정 논문을 썼다. 이후 다른 논문집에 여러 기고문을 냈지만, 첫 마음을 바친 글이라 기억에 가장 남아 있다. 그때 썼던 글 제목이 「칼 바르트의 신학과 철학」이었다. 김철손 선생님이 홍현설, 윤성범 교수님에 이어 감신대 학장이 못되신 것이 많이 안타깝다. 그것이 순리였건만 제자가 스승을 앞서려 한 탓에 미덕이 깨져버린 것이다.

선생님의 은혜를 입은 결정적 사건이 있었다. 바젤대학에서 공부하며 나는 베른 한인교회를 3~4년간 섬기고 있었다. 섬겼다기보다 교회의 보살핌을 받았다는 것이 더 정직한 표현일 것이다. 힘겹게 공부하던 유학생에게 교회는 정신적으로 큰 힘이 되었다. 그 덕에 나는 한국 감리교단의 승인 아래 스위스 감리교회로부터 목사안수를 받을 수 있었다. 하지만 당시 감리교단은 스위스 교단에서의 안수는 인정했으나 3년의 목회를 내게 더 요구했다. 이미 감신에 적을 둔 상태였기에 교회를 찾기도, 시간을 내서 목회하기도 대단히 어려운 상황이었다.

사정을 아셨던 선생님은 내게 잠실지역의 우성교회를 소개했다. 선생님께서 갑자기 소천하신 담임 목사님을 대신하여 잠시 교회를 책임지고 계시던 중이었다. 선생님의 천거에 교회는 두말없이 나의 담임 목회를 허락했다. 이중직이란 지적도 있었지만 3년이란 한정된 기간이었기에 교단도 묵인했다. 선생님 덕에 우성감리교회에서 3년간 목회를 하며 교인들과 사귀는 아름다운 경험을 나눴다. 대학과 교회 그리고 가정을 오가는 힘든 시간이었으나 교회 공동체의 정을 흠뻑 느낄 수 있는 소중한 시간이었다. 정해진 기간이 흘러 헤어질 무렵 교우들 중 다수가 신학교를 그만두고 교회를 책임져 줄 것을 당시 학장이셨던 변선환 교수에게 졸랐던 모양이다. 잠시 마음이 흔들렸으나 도의적으로 그렇게는 할 수는 없는 노릇이었다. 짧은 기간이나마 마음을 주었던 교우들에게 죄지은 심정으로 그들과 이별해야만 했다. 그때 추용남, 김순현, 김재완, 원종분, 이정훈, 이성덕 목사를 당시 신학생으로 만났었는데 그들과 좋은 추억을 많이 만들었다. 모두가 지금은 대단한 목사, 학자들로 성장하여 제 몫을 잘 감당하며 살고 있으니 기쁜 일이다. 이들도 벌써 60줄에 들어섰을 것 같다.

지금 다시 생각해도 김철손 선생님과 우성교회 교우들이 많이 고맙다. 선생님 자신이 치리할 수 있었음에도 제자에게 기회를 주셨던 선생님, 대학에 적을 두었기에 목회를 버거워하던 나를 믿어 주었던 교우들이 많이 생각난다. 제자의 현실적 어려움을 먼저 헤아리며 길을 열어주신 김철손 선생님, 그분 덕에 삶의 한고비를 넘겼고 목회를 제대로 경험하며 오늘에 이르렀다. 몇 번이고 감사할 일이다. 선생님 사후 정초에 한두 차례 사모님을 찾았던 기억이 고작이었다. 선생님 마음에 못 미치는 제자가 되어 한없이 송구하다. 그렇지만 선생님이 보여주신 아버지 같은 사랑을 결코 잊을 수 없다. 보여주신 마음 크기를 조금이나마 흉내 내며 살고자 애쓸 것이다. 선생님 자제분 중에도 신학을 공부한 이가 있는 것으로 아는데 지금은 어찌 지내고 있는지 궁금하다. 언젠가 만나서 선생님에 대한 이야기를 밤새도록 하고 싶다.

신학의 맛과 멋을 알게 해주셨던 분

올해 연세가 구순이라신다. 감신 1학년 때 '신학 입문' 한 과목 배웠던 것이 전부지만 그분으로부터 받은 격려와 사랑이 오늘을 있게 한 자양분 되었다. 학부 2학년 올라갈 무렵 선생님은 정동교회 담임자로 가셨고, 그곳에서 멋지게 목회하시다 연세대 신학과 기독교 교육 교수로 옮겨가셨다. 은퇴 후에는 경기도 이천에 실천신학대학원을 세우시고 오랫동안 행정가로 지내셨다. 이런 이유로 나보다 은준관(1933~2023) 교수님과 더 많은 경험을 나눈 분들이 적지 않을 것이다. 그런데도 선생님에 대한 내 기억의 단편을 더듬어 찾고자 한다.

신학교 입학 후 두 번째 학기에 우리는 선생님이 가르치는 '신학 입문'을 필수로 수강했다. 학기 말 과제로 선생님은 조직신학의 주제들 ─ 신론, 기독론, 인간론, 교회론, 성령론 등 ─ 중 하나를 택해 맘껏 연구하여 논문을 쓰도록 했다. 많은 공부가 있어서가 아니라 학생 스스로 문제의식을 가지고 신학을 하라는 뜻에서 내주신 과제였다. 당시 우리는 어렴풋이나마 어떤 주제를 택하느냐에 따라 자신들 미래가 결정될 것이라 여겼던 것 같다. 그렇기에 심사숙고하여 주제를 택했다. 지금 와서 돌이키니 그때 그 생각이 결코 틀리지 않았던 것 같다. 교회론을 썼던 친구는 큰 교회 목사가 되었고, 인간론을 택한 친구는 사회의식에 투철한 사람이 되어 있었으며, 성령론 연구자는 깊은 영성가로 성장했으니 말이다. 그때 나는 모두가 어렵다 기피하는 기독론을 선택했다. 지금도 난제인 기독론을 어찌 감당코자 택했는지 모를 일이다. 다소 겉멋이 들었었는지도 모르겠고, 실제로 신이자 인간인 예수를 좀 더 이해하고 싶었기 때문일 수도 있었겠다.

문화신학자 폴 틸리히(Paul Tillich)의 조직신학 원서를 펴놓고 몇 주간 고민한 끝에 틸리히가 생각하는 기독론을 정리해서 제출했다. 원고지 70매를 썼고 노란색 종이로 정성껏 표지를 만들어 씌웠다. 논문을 되돌려 받았을 때 그날의 감격과 고마움을 잊지 못한다. 노란 겉표지 위에 선생님은 붉은 글씨로 "대단히 좋은 논문임"이라 쓰셨고 98점을 주셨다. 갓 입학한 신입생이 얼마나 잘 썼을까 우습기 그지없을 것이나 당시 그 평가가 나를 목회가 아닌 신학의 길로 이끈 계기가 되었다. 선생님의 격려가 신학자로서의 자의식을 불러일으켰던 것이다. 이후 선생님은 간혹 당신의 분야인 기독교 교육 쪽에 관심 둘 것을 권유하시곤 했다. 선생님이 정동교회로 직을 옮기지 않앉더라면 그리 생각할 수도 있었을 것 같다.

  대학교 2~3학년 때 나는 정동교회 목사관을 매주 한 번씩 드나들었다. 선생님께서 고등학교 1학년 딸의 공부를 도우라 하셨기 때문이다. 영어는 문제없었으나 수학은 갈 때마다 공부해서 가르쳐야 했다. 감신 입시에 수학 과목이 없었기에 고 3 때 수학 공부를 손 놓았던 탓이다. 1년 6개월 동안 선생님 댁을 오갔다. 믿고 그런 기회를 주신 선생님에게 감사의 마음을 전한다.

  지난 2022년 여름쯤 선생님이 갑작스레 전화를 주셨다. 몇십 년 만에 듣는 선생님의 음성이었다. 어느 잡지에서 「코로나 이후 교회」를 주제로 내가 썼던 글을 보셨다 하시면서 큰 칭찬의 말을 전하셨다. 세상과 교회를 보는 내 시각이 선생님과 많이 달라졌을 터인데 갑작스런 덕담에 어리둥절했다. 정동교회 부임 이후 선생님의 관심은 오로지 교회에 있었음을 잘 알고 있다. 선생님이 베델성서 연구에 전념했고, 실천신학대학원 책임을 지신 것도 오로지 교회개혁을 위해서였다. 신정통주의 신학자 칼 바르트의 시각에서 쓰인 선생님의 『신학적 교회론』은 자타가 인정하는 대단한 명저이다. 하지만 나는 바르트적 사유로부터 많이 빗겨나 사유하던 터라 선생님의 말씀이 낯설었다. 하지만 그리움의 표시라 여겼기에 너무도 고맙게 생각했다.

은준관 선생님은 어느 교수님들보다도 멋진 풍채를 지니셨고 목소리도 우렁찼다. 선생님 얼굴만 뵈어도 은혜가 될 정도로 자비하고 온화한 모습도 갖고 계셨다. '베델성서연구'로부터 시작하여 실천신학대학원에 이르는 여정에서 선생님은 초교파적으로 한국 신학계를 이끄신 참 지도자였다. 선생님과 통화할 때만 하더라도 선생님은 사모님을 여읜 채 따님 내외와 일산 아파트에서 함께 거주하고 계셨다. 밖으로 식사를 모시려고 했으나 몇 차례 수술로 거동이 많이 불편하시다 사양

하셨다. 멋진 나의 선생님들, 그분들의 봄날이 이렇게 저물어 가고 있으니 마음이 헛헛하다.

2022년 8월 선생님 구순 잔치에 초대받았었다. 연세 동문 회관에서 제자들이 주관하는 책 출판 기념행사였다. 그분의 신앙 여정을 서술한 『삶, 여정, 이끄심』이란 제목의 책 출판 을 축하하는 자리였다. 선생님께서 일일이 전화하시며 이 자리에 올 사람들을 챙기셨다. 아마 선생님 살아생전 만나고 싶은 사람들을 만날 수 있는 마지막 기회라 여기셨을 것이다. 당연히 참석하겠다 말씀드렸고 그날을 내심 기다렸다. 몇몇 74 학번 동기들과 함께 가기로 약속까지 한 상태였다. 그런데 어찌 된 일인지 그날을 새까맣게 잊고 말았다. 이런 죄송스런 일이 어디 있을까 싶다. 며칠 지나서 선생님이 보내 주신 책을 받고서야 정신이 번쩍 들었다. 지난해 말까지 너무도 송구해서 전화도 드리지 못했다. 2023년 새해 아침 용기를 내서 선생님께 글을 올려 용서를 구했다. 아직 70도 채 안 된 나이에 귀한 선생님과 함께할 수 있는 마지막 순간을 놓쳐 버린 것이다. 살아생전 목소리만 들었고 모습을 뵙지 못한 죄가 두고두고 한스러울 것 같다. 연세대 장례식장에서 선생님 영정 앞에서 긴 시간 속죄했다. 숙인 머리를 쉽게 들 수가 없었다. 장례식장을 지키고 있던 당시 고등학교 1학년 여학생이었던, 그러나 지금은 60을 넘긴 따님과 인사할 수 있어 그나마 위로가 되었다. 선생님의 젊은 시절의 모습을 영상으로 다시 보며 옛 시절을 충분히 회억했다.

윤성범 교수님

창조적 사상가이자 토착화신학의 선구자

　몇 차례에 걸쳐 나의 신학 형성에 결정적 영향을 주신 선생님들 몇 분을 기억할 것이다. 그 첫 번째로 해천(海天) 윤성범 (1916~1980) 선생님을 말하지 않을 수 없다. 윤성범 선생님만큼 이름보다 호로 더 많이 불렸던 분도 없을 듯싶다. 해천 선생님, 자그마한 체구에 '바다와 하늘'이란 큰 호를 지녔기에 첫인상과는 잘 어울리지 않아 보였다. 하지만 호는 본인을 가장 잘 아는 스승이나 친구들이 짓는 것이기에 그만한 의미가 내재해 있을 것이라 생각했다. 후일 그의 신학 속에 동서양이 담겼음을 안 탓에 '해천'의 의미가 더없이 귀하고 적실하다 생각되었다. 항시 바젤 유학 시절 구입한 베레모를 쓰고 다니시면서 맘껏 '오조리티(권위)'를 주변에 내뿜으셨다. 윤 박사님 하면 '오조리티'란 말이 떠오를 정도였다. 감신대 스승이자 이후 바젤대학교 선배란 면에서 윤성범 선생님은 지금도 내게 아주 친근한 존재로 여겨진다.

학부 시절 윤성범 선생님의 과목을 제법 많이 수강했다. 논리학, 칸트의 종교철학, 성의 신학 등 여러 강좌가 생각난다. 한 학기 동안 논리학을 가르친 후 선생님은 중간·기말고사에 각기 '개념이란 무엇인가?' '판단이란 무엇인가?'라는 황당한 주제를 시험문제로 출제했다. 무슨 내용을 적었는지 모르겠으나 모두가 어이없어했던 그 장면만큼은 선명하게 떠오른다. 독일어로 읽었던 칸트의 『순수이성비판』, 아마 한 학기 내

내 두 페이지도 채 진도가 나가지 못했을 것이다. 하지만 우리는 칸트의 명저를 우리 선생님이 최초 번역했다는 사실 만으로 자긍심이 대단했다. 딸만 다섯인 선생님의 아들 낳는 비법 강의, 본인이 신학을 하지 않았더라면 음악을 했을 것이란 회고, 바젤대학에서 칼 바르트 강의를 들었던 이야기 등이 지금껏 기억에 남아있다. 인디언 추장 '아파치'가 '아버지'에서, '나이아가라'가 '네 ㄱ람', 즉 네 줄기의 강에서 나온 말이란 것도 선생님에게서 들었다.

'성(誠)의 신학' 강의를 들으며 우리는 그의 기발한 생각에 입을 다물지 못했다. 한국의 단군신화는 당나라 경교에서 영향을 받은 것으로써 '삼위일체의 흔적'이라 강조했던 것이다. 이는 역사학 분야에서 상당한 논쟁거리가 되었고, 후일 여성 신학자 박순경에 의해 비판되었다. 예수를 유교의 '효' 차원에서 — 예수는 모름지기 효자였다 — 이해했고, 그로써 서구의 개인윤리를 비판하는 한국적 신학(윤리)을 세우고자 했다. 이후 바르트의 계시를 율곡의 '성(誠)'으로 재해석한 것은 그의 신학의 백미였다. 하지만 이는 본인의 토착화신학 방법론에 대한 이율배반으로 읽힐 여지도 남겼다. 초기에 종교혼합주의자로 매도되면서 이를 타개코자 바르트적 사유로 유교 경전을 해석했기 때문이다.

나는 감리교신학대학의 학문적 전통이 '토착화'란 사실을 해천 선생으로부터 처음 배웠다. 이를 자랑으로 여기며 그 선상에서 지금껏 신학을 가르치게 된 것에 자부심을 느낀다. 그때까지 변선환 교수께서는 아직 유럽에서 돌아오지 않았다. 대학원 시절 몇 학기 내내 나는 해천 선생님의 조교였다. 이는 일아 변선환 선생님의 오롯하고 깊은 배려의 결과였다. 감신의 토착화 전통을 위해 해천 선생님의 유교적 신학을 더 깊게 연구할 것을 내심 주문하셨던 것이다. 당신의 작업인 불교적 토착화와 짝을 이루게 할 생각이었다. 결국 우리 부부는 유교와 기독교 대화를 주제로 변선환 선생님 내외분과 같은 프리츠 부리 교수님의 지도하에 학위논문을 썼다.

　나는 해천 선생님으로부터 학부 졸업장을 받은 첫 졸업생이었다. 그때가 1978년 2월이었을 것이다. 전임 학장님이 수십 년간 직을 내려놓지 않으셨기에 선생님은 늘 대학의 2인자(?)로 긴 세월 존재했다. 그런 선생님이 학장직을 수행한 지 얼마 되지 않아, 대학원 졸업 후인 1980년 정월에 갑작스레 소천하셨다. 군 복무 시절 일등병 때에 접했던 부음 소식은 청천벽력의 굉음이었다. 선생님이 오래 생존하셨더라면 유교와 기독교 대화의 장이 좀 더 당차게 열렸을 것이기에 아픈 사건이 된 것이다. 변선환 선생님은 내가 모교 교수로 임용된 다음 해인 1977년부터 당신이 돌아가시기 전인 1991년까지 매해 정월, 해천 선생님 기일을 추모했다. 그가 좋아했던 종교사학회 소속 유교 학자들 몇 분을 모시고서 예배와 함께 강연회를 열었던 것이다. 당시 성균관대학에서 가르치던 류승국, 이동준 선생님들과 함께 해천 선생님의 성과 효의 신학 사상을 토론했다.

    살아생전 윤성범 선생님은 유교와 불교 및 무속 학자들과 함께 한국 종교사학회를 이끄셨다. 그분의 유머 덕분에 여러 학자들이 오랜 기간 함께 뭉칠 수 있었다고 들었다. 늦게 안 사실이지만 나의 장인 이신 박사도 당시 종교사학회 회원이었다. 당신의 그림을 해천 선생에게 드릴 정도로 친하게 지내셨다. 해천 선생님도 이신 박사님을 어느 책에선가 "한국적 멋의 신학자"로 평가했다. 변선환아키브에서 해천 선생 사후 그분 글을 전집 6권으로 출판했다. 해천 선생님의 유고를 변선환 선생님이 오랫동안 갖고 계시다 그분마저 돌아가셨던 상황이었다. 당시 우리는 해천 선생님의 전집을 내는 것이 변선환 선생님의 뜻이라 생각했다. 지금은 구세군 사관이 된 이덕균 씨의 헌신적 노력이 컸다. 몇 해 전 해천 선생님 탄생 100주년을 맞아 이은선 교수와 필자가 세운 현장아카데미 이름으로 기념 논문집 『21세기 보편적 영성으로서의 성과 효』(동연, 2016)를 출판했다. 유교 학자로서 기독교 신앙을 지닌 분들과 신학자로서 유교를 연구하는 학자들 10명이 함께 엮었다.

이런 연유로 해천 선생님 가족들로부터 가끔 연락이 온다. 2022년 성탄과 2023년 새해에도 윤남옥 목사의 가정으로부터 카드와 문자를 받았다. 음악을 신학만큼이나 좋아하셨다는 선생님, 그가 직접 만돌린을 연주하신 모습이 담긴 동영상도 보내 주었다. 그분이 20년만 더 사셨더라도 — 61세로 소천하셨다 — 감신의 학문성이 이처럼 허약해지지는 않았을 것이다. 유족들이 선생님의 바젤 박사 논문 독일어 번역자를 찾고 있다. 혹시 의향이 있는 분 있으면 선뜻 나서줬으면 좋겠다.

일아(一雅) 변선환 선생님

멍에와 명예를 안겨준 운명(은총)적 만남

그분 사후 제자들에 의해 만들어진 변선환아키브(소장 김정숙
교수)로부터 27주기 추모예배 소식을 들었다. 2022년은 선생
님의 출교가 결정된 지 30년, 즉 종교재판장의 의사봉이 세 번
울린 지 30년 되는 해였다. 이 사건 이후 선생님은 울분을 삼
키시느라 3년도 채 못사시고 비가 억수로 왔던 여름에 우리
곁을 떠나셨다. 그간 선생님을 추모하는 예배도 교회에서 드

리지 않았다. 결코 예배할 교회(공간)가 없어서가 아니었다. 교단이 선생님께 용서를 구할 날을 기다리고 있었을 뿐이다. 지난 2021년 추모예배는 종교재판 30년을 어찌 맞아야 할지를 의논하는 자리였고, 2022년 10월 31일 종교개혁 기념 날에 광화문 프레스센터에서 그날을 멋지게 회억했다. 당일 200명 가까운 청중들이 모였고 도올 김용옥 선생의 멋진 강의도 있었다. 30년 전 그때도 선생님은 옳았고 지금도 여전히 옳았음을 교계와 사회에 선포하는 자리였다.

나는 선생님을 대학 3학년이 되어서야 만날 수 있었다. 장기천 목사님을 통해 그의 친구 변선환(1927~1995) 선생님을 알았으나 입학 당시 그분은 스위스 바젤대학에서 박사 논문을 쓰고 계셨기 때문이다. 2년 세월 동안 그분 만나기를 학수고대하며 지냈던 것 같다. 사실 나는 2년간 학교 담장 밖에서 들리는 교단 정치에 더없이 실망했고 절망했었다. 감리교 감독선거를 치르며 교단이 두 쪽으로 갈라지는 상황을 목도한 것이다. 양

진영 모두 기도하며 백여 차례 투표했으나 두 명의 감독을 내며 결국 양쪽으로 갈라지고 말았다. 한두 표만 바뀌면 그런 일을 피할 수 있었으나 그렇게 기도했음에도 한 표도 움직이지 않던 상황을 지켜 본 것이다. 이런 것이 기독교 실상이라면 더 이상 이곳에 머물 이유가 없다 생각했다.

당시 나는 시골에 계신 부모님께 신학을 공부한다는 사실을 숨겨왔다. 그때까지 서울의 모 대학에 다니는 줄로만 알고 계셨다. 큰 재산을 모았으나 사기로, 화재로 모든 것을 잃고 결국 초등학교 입학하자마자 어머니 고향인 충북 보은으로 온 가족이 이주했다. 자식을 통해 기울어진 가세가 펼쳐질 날을 기대하면서 말이다. 시골로 이주했으나 부모님은 초등학교 4학년 된 나를 손사랫짓하며 서울로 떠밀어 올렸다. 어렸던 나의 마음고생이 적지 않았던 초등학교 시절이었다. 어린 나를 떠나보낸 부모님들의 고통은 더없이 컸을 것이다. 그런 부모님에게 생뚱맞게 목사가 되겠다는 말을 도무지 할 수 없는 상황이었다.

　신학교에 입학하고 보니 나처럼 기독교 배경 없는 학생이 드물었다. 아버지가 목사, 장로인 친구들이 태반이었고 최소한 권사, 집사들이었다. 게다가 '예수 믿지 않으면 구원 없다'는 논리는 내게 지속적인 근심거리였다. 교회와 무관하게 살아왔던 우리 부모님이 내심 많이 걱정되었던 것이다. 나만 구원받는 것이 무슨 의미일까를 생각하며 하루하루가 편치 않았다. 이런 상태에 있던 내게 운동권 선배들이 찾아와 시국을 함께 걱정하자고 손 내밀었다. 솔깃하여 현실을 배우고자 기웃거렸으나 내 문제가 해결되지 않아 마음을 내줄 수 없었다. 급기야 이 모든 이유로 나는 학교를 그만둘 생각을 했다. 최소한 군대라도 다녀오자는 생각도 했었다. 친구와 입대를 앞둔 마지막 여행도 길게 다녀왔다. 그런데 친구는 입대했으나 어찌된 노릇인지 나는 떠밀리듯 3학년이 되었다. 왜 그렇게 되었는지 지금도 모를 일이다.

이런 상황에서 유학을 마치신 변선환 교수님을 만났다. 학생회장이 되었고 그것이 선생님을 가까이서 만날 수 있는 계기가 되었다. 당시 귀국한 선생님은 "유불선 전통이 오히려 기독교를 더 잘 이해할 수 있는 바탕이 될 수 있다"고 말했고, "교회 밖에도 구원이 있다"는 말씀도 하셨다. 누군가에게는 아주 불편한 말이었겠으나 내겐 그것이 복음이었다. 오히려 지금은 "교회 안에도 구원이 있는가?"란 자조 섞인 질문도 낯설지 않은 상황이 되었다. 여하튼 선생님을 만난 이후 부모님 문제(구원)를 더 이상 걱정하지 않아서 좋았다. 이후 자식 이기는 부모 없다고 우리 부모님들은 자식 앞날을 위해 스스로 제사상을 거부하고 기도하는 신자가 되셨다.

변선환 선생님 말씀은 내게 신학 하는 기쁨을 선사했다. 그분 과목은 빼놓지 않고 모두 수강했고 최선을 다해 내 것으로 만들었다. 종교철학, 문학 속의 종교, 조직신학 세미나 등이었다. 손 놓았던 독일어 공부도 다시 시작했다. 수업 시간 한 시간 전에 선생님은 학생들을 불러놓고 채플(웰치)에서 1년 넘게 독일어 성경을 강독하셨다. 4학년 때는 내가 선생님 대신해서 후배들을 가르치는 기회를 얻었다. 열심히 독일어를 공부했기에 가능한 일이었다. 학생회가 주관하는 심포지엄에 선생님을 강사로 모신 적이 있었다. 그때 제목이 「십자가와 공」이었다. 도무지 감 잡을 수 없는 야릇한 제목이었다. 당시 사회자였던 내 눈앞의 광경이 지금도 놀랍다. 학생뿐만 아니라 스님과 수녀님들이 자리를 꽉 채우고 있었다. 감신 역사상 그런 진풍경은 처음이었을 것이다. 십자가와 공이란 낯선 두 개념은 기독교와 불교의 핵심 사상을 담았다. 이 둘의 공통점은 결국 자신을 버리는 데 있었다. 하늘 뜻을 따름으로 자신을 버린 예수(십자가)와 없이(無) 존재하는 공(空)이 어떻게 호응할 수 있으며 다른지를 강의하셨다. 그때 그 강의가 주었던 충격은 참으로 대단했다.

입대를 미룬 채 대학원에 입학한 나는 야스퍼스 사상을 슈바이처의 철저 종말론과 연계시켜 고유한 신학 체계를 완성한 프리츠 부리 교수 사상을 석사논문으로 제출하였다. 주지하듯 칼 야스퍼스의 철학적 신앙은 기독교 계시 신앙과 달리 믿음의 길의 보편성을 강조했다. 슈바이처의 철저 종말론은 실현된 종말은 물론 미래적 종말과 구별되는 것으로 지금 여기에서 무제약적 책임을 요구했다. 프리츠 부리 신학이 '책임의 신학'이라 이름 붙여진 이유가 바로 여기에 있다. 선생님은 그때 막 출판된 부리 교수의 『교의학』세 번째 권을 주시며 그것을 읽고 논문을 쓰라 했다. 900쪽에 달하는 독일어 원서를 해석하는 일이 벅찼다. 더구나 3번째 학기 수업을 들으며 논문을 완성해야만 했다. 마지막 학기는 등록만 해놓고 입대해야 하는 상황이었기 때문이다. 3학기에 논문심사를 마칠 수 있도록 윤성범, 김용옥 교수님께서 도와주셨다. 어찌어찌하여 두꺼운 논문을 썼고 입대 후 첫 휴가 때 참석한 졸업식장에서 최우수 논문상을 받았다. 해천 윤성범 선생님이 막 소천하신 직후라 기억한다.

군 복무 중에도 선생님은 여러 차례 장문의 편지를 보내 주셨다. 내가 실연의 아픔을 당했을 때도, 군인 신분으로 자유롭지 못한 제자를 대신하여 유학 수속을 할 때도 긴 글을 주셨다. 제대를 앞둔 나를 고 이신 박사님의 딸인 이은선과 만날 수 있도록 주선했다. 함께 공부할 수 있는 짝을 만나게 하신 것이다. 제대 두 달을 앞두고 선생님 주례로 결혼식을 올렸고, 이어 유학길을 떠날 수 있었다. 대학교 3학년 때 만난 선생님 덕분에 결혼도 유학도 성사된 셈이다. 더 이상 바랄 수 없는 운명적인 큰 은혜를 입었던 것이다. 1986년 귀국할 때 선생님은 공항까지 마중 나오셨다. 선생님은 내가 감신 교수임용 용지에 서명하는 것을 지켜보셨고, 홀로 계신 어머니 계신 곳까지 방문해 주셨다. 내 손을 어머니 손위로 이끌며 고생하신 어머니를 잘 모실 것을 당부했다.

선생님과 6년 남짓한 기간 함께 교수 생활을 했다. 너무 많은 학생이 선생님께 논문지도를 받고자 하자 교수 1인당 6명

이상을 지도할 수 없다는 규정도 생겨났다. 학장이 되신 이후로 선생님은 학교가 교단 정치의 희생양 될 것을 걱정하며 대비코자 했으나 오히려 선생님이 희생당했다. 학장 시절 독지가의 지원으로 종교음악과가 생길 수도 있었는데 무산된 것이 안타깝다. 어려움 중에도 땅(학교 용지)을 매입하여 후일을 기약하는 행정가의 모습을 보이기도 했다. 그 땅을 지키지 못하고 팔았다는 슬픈(?) 소식을 들었다. 선생님 흔적이 마저 지워진 듯 안타까울 뿐이다.

선생님 사후 20년간 제자들은 매년 선생님 모신 산소를 찾았다. 장맛비 내리는 날도 있었고, 뜨거운 햇볕을 맞으면서도 20년을 지속했다. 늘 신옥희 사모님과 더불어서 그리했다. 이제는 추모예배 드리는 것으로 대신하지만 긴 세월 함께 발걸음 해준 동료들께 고마움을 전한다. 유족들과 함께 선생님 아카이브를 만들어 뜻을 이어왔던 지난 세월이 주마등처럼 스쳐 지나간다. 해천 선생님 전집을 출판했고, 일아 선생님 유고도 모아 세상에 내놓았다. '일아(一雅)'란 호는 '하나의 큰 사랑'이 란 뜻으로 가톨릭 신자지만 불교학자로 활동한 이기영 선생께 서 지으셨다. 해천 윤성범과 함께 불교의 이기영, 유교의 류 승국 선생이 일아 선생님의 학문적인 선한 벗이었다. 글을 마 감하며 변선환 선생님에 대한 그리움을 담아 내 마음을 한 문 장에 담아본다.

"선생님, 당신은 내게 멍에였습니다. 그러나 당신께서 내 스 승인 것은 내 인생 최고의 명예였습니다."

김흥호 선생님

다석 유영모 사상을 가르쳐 주신 선생님

김흥호(1919~2009) 선생님, 나는 그분을 1986년 8월 귀국 후 감신대 교정에서 처음 뵈었다. 이화여대 기독교학과를 은퇴하시고 감신대에 변선환 교수님 인도로 명예대우교수로 자리하고 계셨다. 당시 내 연구실 옆 작은 방을 얻어 한 학기 수업을 마치신 상태였다. 그때부터 선생님과의 잦은 만남이 시작되었다. 선생님 연구실과 내 방을 오가며 많은 대화를 나눌 수 있었다. 당시 선생님은 강의가 없을 땐 줄곧 연구실 작은 공간에서 서예를 연습하셨고, 동양화를 그리곤 하셨다. 그 방을 지나칠 때마다 짙은 묵향을 느끼곤 했다. 이전 강의하던 대학에서 『사색』을 만드시던 그 열정을 이렇게 쏟아내신 것이다.

종교철학과 소속으로 선생님이 가르쳤던 과목은 주자의 『근사록』, 양명의 『전습록』, 선불교와 하이데거 사상, 『주역』 등이었다. 당시 신학대학에서 이런 공부를 할 수 있다는 것은 큰 축복이었다. 종종 채플에서 선생님 설교가 있는 날이면 학생들조차 귀를 쫑긋하며 듣고자 했다. 항시 원고는 없었고 정해진 시간 20분 안에 말씀을 마쳤다. 기승전결이 되지 않더라도 설교를 그 시간 내 반드시 끝내셨다. 10여 년 지속된 선생님의 강의와 설교를 지금도 기억하는 이들이 적지 않을 것이다.

선생님과의 개인적인 인연도 생겼다. 집안 내 친족들 기일을 맞아 예배드릴 일이 있을 때 선생님은 종종 내게 부탁하셨다. 30대 중후반의 어린⑦ 내가 선생님 가족 앞에서 설교하는 일이 아주 부담스러웠지만 최선을 다했다. 나이 40을 넘겨 부교수로 진입했던 어느 날 선생님은 출근 시간을 앞당기라 하시며 다석 유영모를 함께 읽자고 말씀했다. 사실 토착화 전통을 지녔다는 감신대 내에서조차 당시까지 다석에 관한 이야기를 듣지 못했다. 과문한 탓도 있겠으나 나의 선생님들도 다석 사상을 가르치지 않으셨다. 김흥호 선생님과 대략 2년 동안 아침마다 그분 방에서 만나 독대하며 강의를 들었다. 쌓인 강의 내용이 대학노트로 몇 권이 남겨졌으니 선생님 수고가 얼마나 컸는지 가늠할 수 있을 것이다.

나의 다석 공부는 그렇게 시작되었다. 주일 오후면 종종 이대 연경반을 찾아 선생님의 강의를 듣곤 했다. 이대를 은퇴하셨지만, 그때까지도 성서와 동양고전을 가르쳤던 연경반은 지속하셨다. 절반 시간은 성서를 강의했고, 나머지 절반은 동양고전을 풀어내셨다. 성서를 풀며 동양사상을 말씀했고 불경,

주역을 성서로 해석했기에 아주 흥미로운 시간이었다. 선생님에게는 성서가 동양고전이었고 동양사상이 곧 성서였던 것 같다. 선생님 강의를 듣고자 주일마다 제주도에서 비행기 타고 오는 이도 있었다. 누구로부터 다석을 배우냐에 따라 그 이해 지평이 다를 수 있음도 알게 되었다. 선생님은 다석을 기독교(교회)를 위한 사상가로 자리매김했다. 철학자 칼 야스퍼스를 '교회의 교사'로 불렀던 바젤대학의 프리츠 부리 교수처럼 그렇게 하고 싶으셨던 것 같다. 자유롭게 동양사상을 풀었으나 기독교적 실존을 떠나려 하지 않고자 하신 것이다. 언젠가 『공동선』 잡지에서 선생님과의 인터뷰를 부탁해왔다. 내가 질문지를 준비했고 그에 맞춰 선생님의 답변을 듣는 형식이었다. 유불선을 섭렵한 선생님은 유대교와 희랍 사상에 정통했던 사도바울과 자신을 일치시켜 말씀하셨다. 우리 시대의 바울이란 자의식을 갖고 평생 사셨던 것이다.

명예대우교수로서 감신대에서도 강의를 끝맺을 무렵 선생

님은 내게 불현듯 이화여대로 적을 옮길 것을 권유하셨다. 이역시 갑작스러운 말씀이었으나 거부할 수 없는 사랑의 명령이라 여겼다. 당신이 이대에서 행했던 역할을 내게 맡기고자 했던 것이다. 2년 가까이 독대하며 다석 사상을 가르쳐 주신 의도를 우둔하여 당시로선 깨닫지 못했으나 대학 교목직과 연경반을 맡길 생각이셨던 것이라 짐작한다. 당시는 선생님에 대한 신뢰가 이화여대 이사회에서 절대적인 때였다. 전임 교목실장과도 만나 교목실 브리핑까지 들었다. 결과적으로 이사회에서는 허락되었으나 기독교학과 한두 교수들의 반대로 무산되었다. 이 소식을 전하시며 선생님은 내게 많이 미안해하셨다. 그 모습에 황송하여 어쩔 줄 몰라 했던 그때의 내 모습이 떠오른다. 그렇게 학교를 떠났더라면 이후 만났던 보물 같은 제자들과의 연도 사라졌을 것이니 나를 향한 선생님의 마음만이 고마울 뿐이다.

해마다 정초가 되면 청량리와 이대 후문 쪽에 거주하셨던 선생님 댁을 방문하곤 했다. 정초 새벽부터 선생님은 자신의 스승 다석 유영모의 일지를 풀고 계셨다. 책상 위에는 이미 교정을 끝낸 1만 장 이상의 원고지가 쌓여 있었다. 나이 80을 넘긴 노학자의 입장에서 흘러가는 시간은 곧 생명일 것인데 자기 생명을 바쳐 스승을 기록하고 있었던 것이다. 지금껏 그 모습을 너무도 아름답게 기억하고 있다. 내가 다석의 예수상을 '스승 기독론'으로 정리한 것도 이런 영향 때문일 것이다. 이 글을 쓰는 지금 나는 당시 선생님이 풀고 정리하셨던 『다석일지』를 꼼꼼하게 읽고 있다.

90세를 넘기며 선생님은 세상을 떠나셨다. 오래 편찮으셨던 사모님을 병간호하시다 많이 지쳐 병을 얻으셨다. 그로부터 10여 년이 훌쩍 지나 선생님 탄생 100주년도 지나고 있었다. 그 해를 그냥 보낼 수 없어 다석을 가르쳐 주신 선생님을 생각하며 『다석 강의』를 풀어 글을 쓰기 시작했다. 그렇게 해서 나온 책이 선생님께 헌사를 바친 『유영모의 귀일신학』(신앙과지성사, 2021)이었다. 살아생전 선생님과 함께 엮었던 『동양사상과 기독교』(솔출판사, 2002)도 내게는 선생님을 기억하는 소중한 자산으로 남아있다. 그때 이 과정을 도왔던 오정숙 선생이 떠오른다. 다석을 주제로 첫 번째 박사 논문을 썼던 여성학자였다. 교파가 달라 연락이 끊겼는데 지금이라도 다시 만날 수 있었으면 좋겠다. 부암동 현장아카데미에 선생님의 흔적을 느낄 수 있는 두 점의 작품이 걸려있다. 정이천의 시와 당나라 시대의 어느 시인의 글귀를 담은 액자이다. 감신대를 떠나실 무렵 표구까지 하여 내게 선물로 주신 글과 그림이다.

이 신 박사님

가난보다 상상력 부패를 걱정하신 참 스승

이신(1927~1981) 박사님을 나는 그분 살아생전 꼭 네 차례 만나 뵈었다. 1980년 12월부터 다음 해 그분이 소천하신 12월 17일에 이르는 1년 동안에 그리했다. 첫 만남은 12월 중순쯤 맞선 보는 자리였다. 군 휴가 중 변선환 선생님 손에 이끌려 나간 자리에서 이신 박사님과 당시 이화여대 불문과를 갓 졸업한 스물네 살의 이은선을 만난 것이다.

당시 나는 대학원에서 석사논문을 쓴 후 군 복무 중이었고 짧은 휴가를 낸 상태였다. 사실은 술에 취한 당직 부사관이 던진 컵에 안경이 깨져 수선하러 나왔던 참이었다. 후줄근한 군복 차림에 다소 주눅 든 상태로 이신 박사님을 만났던 것 같다. 변선환 선생님께서 전해준 나의 석사논문을 이미 읽고 오신 듯했다. 집안 배경이나 여타 세속적 물음 보다는 주로 논문에 관해 물으셨고 잘 썼다고 칭찬하셨다. 당신의 딸과 잘 사귀어 보라 말씀하시며 스위스 바젤대학 유학길이 열린 것을 기뻐해 주셨다. 당시 일을 생각하면 지금도 고맙고 놀랍다. 변선환 선생님의 제자라는 것과 논문만 보고 마음을 여셨던 그분의 결혼 승낙이 말이다. 현재보다 미래가 중요했고, 보이는 것보다 보이지 않는 세계를 가치 있게 보신 까닭일 것이다.

　　군대 복귀 후 다음 해 5월쯤 휴가를 나와 댁으로 찾아뵈었는데 그것이 두 번째 만남이었다. 친척 집을 빌려 살고 계셨고, 곳곳의 여백은 모두 책으로 채워져 있었다. 지금도 이야기하

는 바지만 주로 사전류와 한문 고서적이 많았다. 평소 '근본'
이란 말을 좋아했기에 학문을 함에서도 '기초'를 중시했던 모
습을 여실히 본 것이다. 지금 그분의 손때 묻은 책들은 횡성에
있는 이신아카이브에 전시되어 있다. 당시 그분 서재에서 나
눴던 대화가 지금껏 강렬하게 남아있다.

> "나는 민중들만큼, 그 이상으로도 가난하게 살아 봤지만,
> 가난보다 더 큰 문제는 상상력의 빈곤, 혹은 상상력의 부
> 패이다."

이 말씀은 내게도 두고두고 곱씹으며 생각할 신학적 화두가
되었다. 상상력의 부패와 빈곤, 오늘 이 땅의 종교들이 가슴 치
며 수용해야 할 아픈 이야기가 아닐 수 없을 것이다.

세 번째 만남은 1981년 10월 24일 결혼식장에서였다. 이미
병색이 짙어 얼굴이 많이 초췌해지신 상태로 결혼식장에 나오

셨다. 딸의 손을 잡고 입장하시는 그분 모습을 앞에서 지켜보며 보며 하늘에 기도했다. 제발 몇 해만 더 그분에게 시간을 주시라고 말이다. 유학을 마치고 돌아와 우리 부부가 활동하는 모습을 지켜보셔야만 할 것 같았다. 그날 변선환 선생님의 주례사가 아주 많이 길었다. 그래도 어느 결혼식에서처럼 신부를 의자에 앉힐 만큼은 아니었으니 다행이라고 할까? 선생님이 앞서 공부했고 이어 우리가 찾을 곳, 바젤의 철학자와 신학자들 이야기를 하시며 길게 주례 말씀을 하신 것은 분명하다.

마지막 만남은 순복음교회 기도원에서였다. 위문 협착증이라 최종 진단을 받으셨다. 주변에서 수술을 권했으나 그분은 하느님이 자신에게 시간을 더 주실 것을 믿고 응하지 않았다. 수술보다는 기도를 택해 오산리 기도원으로 발길을 옮기신 것이다. 기도하시다 몸을 누이신 방에서 생전의 그분을 마지막으로 뵈었다. 우리 내외가 자신을 이어 신학 공부하게 된 것을 "천은 감사"라 거듭 말씀하셨다.

한겨울 그분 장례를 치르고 힘겹게 남겨진 가족들을 뒤로하고 유학을 떠났다. 이후 6년 남짓 유학 생활을 마치고 귀국했으나 정착하는 과정에서 20여 년 동안 그분이 남기신 글과 책들을 펼쳐 볼 생각조차 못 했다. 그간 남겨진 유족들 생활이 짐작하듯 아주 힘겨웠던 까닭이다. 1970년대 미국 유명 대학에서 취득한 박사학위였지만 정작 이신을 받아준(줄) 대학은 없었다. 한국전쟁 와중에 자생적 그리스도 환원 운동을 만나 감리교를 떠났기에 연고를 잃었고, 정작 그가 몸담았던 그리스도교 교단에선 감당할 수 없는 신학자로 여겼을 것이다. 하여 그는 시골교회 목사로서, 또 산동네 빈민 목회를 했으며, 때론 "머리 둘 곳 없다" 하던 그분처럼 살아야만 했다.

이신 박사님 사후 30년이 흐른 후에야 상자에 담겼던 그의 짐을 풀었고 남긴 생각을 본격적으로 접해 배울 수 있었다. 궁극적으로 그가 왜 신학의 길에 들어섰고, 감리교를 떠나 자생적 환원 운동에 몸담았으며, 박사 논문의 주제가 무엇이었는지, 왜 그림을 그렸고, 슐리얼리즘(초현실주의)의 사조와 성령론을 어떻게 연결했는지, 초기 환원 운동이 이후 어떻게 확장 변모되었는지, 마지막으로 그가 번역한 러시아 사상가 니콜라이 베르자예프 사상과 그의 삶이 어찌 중첩되었는지를 살필 수 있었다. 그 결과물들이 몇 권의 책 —『환상과 저항의 신학』, 『이신의 묵시 의식과 토착화의 새 차원』— 으로 출판되어 조금씩 알려졌으니 감사할 뿐이다. 그분 40주기(2021년)를 맞아 남겨진 그림을 갖고 유작 전시회를 연 것도 뜻깊은 일이었다. 프랑스에서 미학을 주제로 공부하고 귀국한 심은록 선생의 도움이 컸다. 이은선 교수가 '한국신(信)연구소'를 개소한 것도 54세 나이로 소천하신 선친의 뜻과 사상을 넓게 해석하여 펼치기 위해서였다.

그분 가족으로 산 지 40년이 훌쩍 지났다. 하지만 이신 박사님은 가족을 넘어 스승으로 마음 깊이 자리하고 있다. 내가 그분을 좇는 이유 몇 가지를 생각해 보겠다. 말했듯이 그분은 항시 '근본'을 추구했다. 근본을 위해서는 자신의 기득권 테두리조차 훌쩍 떠날 수 있음을 삶으로 보여주었다. 그분의 '창조성'에 대한 언급도 필요할 것이다. 길가에 나뒹구는 기왓장을 갈고 닦아 민중 예수상(像)을 조각했다. 헌책방에서 산 낡은 책을 손질하여 새 책처럼 간수했다. 김교신이 사용했던, 그의 이름이 적힌 성서가 이신의 손을 거쳐 재탄생되었다. 충북 괴산군 소수에는 성도들과 함께 돌을 쌓아 올려 만든 작으나 아주 예쁜 교회당이 남아있다. 이렇듯 무엇이든 그의 손이 닿으면 새로워졌고 달라졌다. 그는 미래교회를 새로운 수도원 운동 차원에서 고민했다. 가난한 농부들과 버려진 거리의 아이들이 그의 교우들이었던 경우가 많았다. 신앙과 영성에 대한 주체(한국)적 자의식이 투철했다. 신앙마저 서구에 종속되는 것을 거부했던 것이다. 그분은 1970년도에 수운 사상을 신학화했다. 시기적으로 수운을 다룬 최초의 신학 논문이 아닌가 싶다. 후학으로서 그의 신학 속에서 엄청난 보고를 발견할 수 있었다. 이른 타계로 펼쳐내지 못했던 사상적 맹아를 찾을 수 있었던 것이다. 최근 나는 이신의 '영의 신학'을 가지고 토착화와 기독교 사회주의, 그리고 자생적 환원 운동을 통섭하는 작업을 시도 중이다. 조만간 작은 책으로 출판될 것이다. 이렇게 그분은 내게 스승이 되었다. 이신 박사님을 가족으로 만나 학문의 스승으로 모시게 된 것을 하늘 복이라 생각한다.

프리츠 부리 교수님

세계 개방성과 무제약적 책임의 신학자

　나는 대학원 석사논문으로 부리 교수의 「판토크라토(Der Pantokrator) 기독론」을 썼다. '판토크라토'는 만유의 주님이란 뜻이다. 프리츠 부리(Fritz Buri) 교수가 1978년도에 출판한 900페이지 분량의 『교의학』 세 번째 권을 한국적 상황에서 정리한 것이다. 1979년도에 논문을 썼기에 "아마도 이 책을 주제로 논문을 쓴 최초의 사람일 것"이라고 변선환 교수님을 비롯한 지도교수님들이 말씀했다. 이 작업을 계기로 해서 나는 이은 선과 함께 바젤대학교 신학부로 유학을 떠날 수 있었다. 당시 프리츠 부리 교수의 제자가 바젤시 장학 담당관으로 있었기에 생활비를 어렵지 않게 지원받을 수 있었다. 그로써 변선환 선생님 내외분의 지도교수가 우리 부부의 선생님(Doktor Vater)이 되는 진귀한 인연이 생겨났다. 사실 우리는 손자뻘 되는 그분의 학생이었던 셈이다.

프리츠 부리는 스위스 베른에서 방앗간 집 아들로 태어났다. 어린 시절 알베르트 슈바이처(Albert Schweitzer)를 좋아해 그처럼 되고자 베른대학에서 신학을 전공했다. 당시 그가 썼던 박사 논문 주제는 슈바이처가 씨름했던 '철저 종말론'에 관한 것이었다. 인간들의 업보로 인해 맞게 될 사실적 종말 외에 기다릴 낙관적 미래는 없다는 이론이다. 예수 죽음 이후 정작 그가 믿었던 종말이 오지 않았던 탓이다. 당시 마르틴 베르너(Martin Werner)가 주임교수였다. 이것은 현재적 종말론이나 미래적 종말 사상을 말해온 전통 기독교와 매우 달랐다. 하지만 이 논문이 교수자격 논문으로까지 수용되었고 그로써 베른대학에서 강사로 활동하기 시작했다.

당시 스위스 내 독일어권 신학부에 세 거장이 활동하고 있었다. 바젤의 영웅 칼 바르트(Karl Barth)와 그와 자연신학 논쟁을 벌였던 취리히대학의 에두아르트 브룬너(Eduard Brunner), 그리고 슈바이처의 철저 종말 사상을 기독교 역사 속에서 재구성했던 베른대학의 마르틴 베르너가 바로 그들이다. 이들 셋은 신정통주의(말씀신학), 자연신학, 신자유주의 학자로 불리며 각기 지역을 대표하며 이름을 떨치고 있었다. 문학을 좋아했던 프리츠 부리 교수는 프리드리히 슐라이어마허(Friedrich Daniel Ernst Schleiermacher) 계보를 잇는 신자유주의 신학의 자리에서 슈바이처의 생명 외경 사상을 바젤의 철학자 칼 야스퍼스(Karl Jaspers)의 실존철학과 연계시켜 독자적 신학 이론을 펼쳤다. 이 시기 슈바이처와 30년간 사상을 주고받은 편지가 묶여 한 권의 책으로 나왔다. 틈틈이 번역을 마친 상태인데 이 책이 한국에서 출판된다면 당시 유럽의 신학(정신)적 상황을 소상히 알 수 있는 소중한 자료가 될 것이다.

칼 바르트가 독주하던 유럽 신학계의 지축을 흔든 세 가지 신학 개념이 생겨났다. 비신화화론(Rudolf Bultmann)과 비종교화론(Dietrich Bonhoeffer) 그리고 비케리그마화론(Fritz Buri)이 그것이다. 비신화화론은 서구인들에게 시간차를 극복할 수 있게 하는 실존 사상이었고, 비종교화론은 예수를 윤리(세속)적 가치로 이해할 수 있도록 했으며, 비케리그마화론은 비서구인들 관점에서 기독론을 재구성할 수 있도록 도왔다. 부리 교수는 비케리그마화에 근거하여 기독교와 불교에 관한 명저『참된 자아의 주님으로서의 붓다와 그리스도(Der Buddha und Christus als der Herr des wahren Selbst)』을 썼고, 두 권으로 된『미국 신학(Gott in Amerika)』도 집필했다.

알다시피 슈바이처는 세계관과 인생관에 기초하여 아시아 종교들에 대한 글을 많이 썼던 성서학자이자 종교철학 연구자이다. 이런 연유로 부리 교수는 변선환 선생님 내외와의 만남을 통해 불교를 배웠고, 우리 부부에겐 유교와 기독교의 대화를 주제로 논문 쓸 것을 주문했다. 부리 교수는 하와이 등지에서 열린 세계 유학자 대회에 참석하며 그곳에서 발표된 수십 편의 논문을 가져다주었고, 때마침 독일 함부르크에서 개최된 세계 퇴계학회 참가를 독려했다. 자신이 존경했던 슈바이처처럼, 하지만 방법론을 달리하며 부리 교수는 불교는 물론 유교를 배우고자 열심이었다. 당시 그의 나이가 70대 후반이었던 것을 생각하면 놀라운 열정이 아닐 수 없다. 불교에 이어 유교에 관한 저술을 구상해 놓으셨는데 안타깝게도 뜻을 이루지 못한 채 돌아가셨다.

당시 바젤에는 두 '칼(Karl)'이 사상적 투쟁을 하고 있었다. 오직 '말씀'을 강조하는 계시 신학자 칼 바르트와 그에 맞서 철학적 신앙을 주창했던 칼 야스퍼스가 공존했다. 말했듯이 부리 교수는 슈바이처 생명 외경론을 철학적 신앙으로 발전시켜 슈바이처를 새롭게 연구하는 대표적 주자가 되었다. 이는 박사 논문 주제였던 철저 종말론과 자연스럽게 이어진 결과였다. 이렇듯 칼 바르트보다는 칼 야스퍼스와 가까웠던 부리를 바르트 교수가 달가워하지 않았다. 바젤시가 베른대학에서 강의하고 있던 프리츠 부리를 바젤대학교로 청빙하려 했을 때 바르트 교수의 반대가 컸다고 한다. 하지만 인문학적 배경이 강했던 바젤시와 대학 당국은 바르트 신학의 영향력이 너무 커지는 것을 우려했다. 한 신학자의 독주를 막아야 한다고 생각하여 노선이 다른 부리 교수를 초빙했던 것이다. 주지하듯 바젤대학교는 에라스뮈스를 비롯해 페스탈로치, 심지어 니체에게까지 강단을 허락한 전통을 갖고 있었다.

이곳에서 5년간 머물면서 나는 중국과 한국의 주자(성리)학 전통과 19세기 자유주의 신학 사상 ― 슐라이어마허에서 트

릴치까지 — 을 비케리그마화(토착화)의 시각에서 비교 분석하는 논문을 썼다. 이은선 교수는 양명 사상과 페스탈로치 종교(인간)론을 비교 연구했다. 그 이후로 지금껏 철저 종말론과 비케리그마화론은 내 신학의 토대이자 발판이 되었다.

나의 다석 사상 연구도 이런 배경에서 가능했다. 물론 어느 시점에서인가 부리 교수의 서구 신학적 한계도 인식하여 그를 빗겨나 있기도 하지만 그로부터 배운 두 가지 점만은 신학적 사유에 항시 적용하고 있다. '무제약적 책임성'과 '세계 개방성'이란 개념이다. 부리 교수는 무제약적 책임을 '은총'이라 여겼고, 세계 개방성을 '신앙의 본질'로 본 것이다. 슈바이처 생각이 야스퍼스를 경유하여 부리의 언어로 재탄생된 결과라 생각한다.

부리 교수 덕분으로 유학 기간 중 대부분을 칼 바르트의 둘째 아들로서 마인츠대학 구약학 교수였던 크리스토프 바르트

댁에서 거주할 수 있었다. 서로들 생각이 다른 학자들이었지만 평소 친하게 지냈기에 가능했을 것이다. 바르트 가족들의 호의를 두텁게 받고 지낼 수 있었다. 이 지면을 빌려 바르트 교수 가족들에게 감사의 마음을 전한다.

하인리히 오트 교수님

바르트 사상의 창조적 계승자

하인리히 오트(Heinrich Ott) 교수님은 앞서 언급한 프리츠 부리 교수님과는 아주 여러 면에서 변별된다. 우선 그분 집안 배경이 대단히 좋았다. 부친이 바젤시 국회의원을 지냈다. 변호사였던 탓에 부도 쌓은 집안이었다. 고등학교(김나지움) 재학 때부터 칼 바르트의 『교의학』과 철학자 마르틴 하이데거(Martin Heidegger)의 『존재와 시간』을 즐겨 읽었던 천재였다. 신학 공부에 필요한 희랍어, 라틴어도 이미 고교 시절에 끝냈다고 전해진다. 베른 변방의 방앗간 집 아들로 태어났고 알베르트 슈바이처의 삶에 감동했던 부리 교수와는 이렇듯 출발부터 달랐다.

선생님은 칼 바르트 교수의 지도하에 불트만 신학을 연구하여 박사학위를 취득했다. 바르트와 불트만 사이에서 신학적 가교역할을 했던 것이다. 하이데거 사상을 좋아했기에 정통 바르티안 입장을 빗겨날 수 있었다. 후일 후설의 현상학에 심취했고, 그로써 자신만의 방법론을 세워 독자적으로 신학 방향을 결정지었다. 오트 교수가 동양 종교에 관심을 두게 된 이유도 바로 현상학적 배경과 관계있다.

나의 유학 시절 바젤대학 신학부에는 부리, 오트 교수 외에 체코 출신으로 마르크스 계열의 체코 신학자 요세프 로드마카(Josef Hromadka)에게 사사한 로흐만(J. M. Lochman) 교수도 있었다. 이들이 역할 분담하며 함께 조직신학을 가르쳤다. 이들이 함께 엮은 세 권으로 된 『대화 속의 조직신학(Dogmatik im Dialog)』은 아주 유명하다. 어느 한 사람이 조직신학 주제를 발표하면 다른 두 분이 자기 시각에서 논평하는 방식으로, 즉 대화를 통해 조직신학 전체 주제를 다뤘다. 야스퍼스와 슈바이처를 바탕으로 한 부리 교수, 칼 바르트와 하이데거 사상에 기초한 오트 교수, 그리고 마르크스에 터 한 동구권 신학자 로흐만 교수, 서로 다른 이들 세 학자들이 각기 주고받는 방식으로 쓴 위 책은 지금 봐도 대단히 좋다.

유학 시절 나는 오트 교수님의 강의와 세미나를 주로 들었다. 당시 부리 교수님는 은퇴했기에 사적으로 논문지도만 받고 있던 상태였다. 특별히 기억나는 강의는 서너 사람이 모여서 매번 발표했던 신론 세미나였다. 일본 교토학파 철학자 니시타니 케이지(西谷啓治)가 썼던 『종교란 무엇인가(Religion and Nothingness)』와 바르트 계열 우파 신학자인 에버하르트 융엘

(Eberhard Jüngel)의 저서 『세상의 신비로서의 하느님(Gott als Geheimnis der Welt)』을 함께 읽고 비교 성찰, 비판하는 수업이었다. 서구의 독아론적 사유(데카르트)를 넘어서고자 했던 그 방식의 차이를 진지하게 배울 수 있었다. 무(Nothingness) 개념을 갖고 '신 죽음'을 선포했던 니체 이후 서양의 신을 불교적으로 재구성하려는 니시타니와 성서의 신을 세상의 신비로 재 언표하는 동서 두 사상가의 만남을 오트 교수님의 지도로 여실히 학습했다.

오트 교수님은 선친의 뒤를 이어 바젤대학 신학부 교수직과 함께 바젤지역 국회의원 일도 멋지게 수행했다. 내가 소중히 기억하는 정치가로서의 그의 업적이 있다. 티베트인들이 중국의 압박으로 세상을 떠도는 난민이 되었을 때 스위스를 비롯하여 유럽 곳곳에서 이들을 받을지 말지 토론이 거셌던 적이 있었다. 그때 오트 교수님은 "티베트 난민이 자신들 땅에 발 디딜 때 그들이 지닌 높은 종교문화가 유럽과 스위스를 더 낫게 만들 것"이라 설득하며 이들을 받아들이는 데 큰 공헌을 했다. 이는 필시 현상학을 통해 종교 현실성(Wirichkeit)을 중시했던 신학적 확신의 결과였을 것이다.

오트 교수님을 통해 배운 것이 있다. 세미나가 종료되는 학기 말이 되면 선생님은 자신의 차로 학생들을 인근 프랑스 마을로 데려가 푸짐하게 음식을 대접하곤 했다. 이때는 마음씨 좋은 아저씨로 우리 곁에 긴 시간 머물러 계셨다. 귀국 후 나역시 배운 대로 그렇게 하고자 노력했다. 실제로 오트 교수님은 대단한 호인이었다. 나의 후학들이 바젤에서 공부할 때 본인 아파트에서 기거하도록, 그래서 학업에 지장이 없도록 전적으로 배려하실 만큼 그렇게 말이다. 다행히도 오트 교수님은 나의 지도교수였던 프리츠 부리 교수님과 사이가 매우 좋았다. 사실 오트 교수님은 부리 교수님에게서 배웠던 학생이기도 했다. 바르트 교수의 후광을 입어 본인 선생이었던 부리 교수보다 먼저 정교수가 되었던 것이다. 피차 어려운 관계일수도 있었지만 오트 교수님은 내 논문의 부심을 맡아주었고,

최종 평가도 후하게 적어 주셨다. 한국 대학 강단에 설 수 있을 만한 충분한 자격을 갖추었다는 것이 평가서의 핵심 내용이었다.

선생님은 프리츠 부리 교수 사후 상당 기간 부리 교수를 추모하고 기리는 세계적 학술 모임(F. Buris Internationale Gesellschaft)의 책임을 맡았던 바 이에 앞서 장례식에서 그의 신학적 작업을 높이 기려주기도 했다.

오트 교수님은 한국을 여러 차례 방문한 적이 있다. 감리교 신학대학교에서 세 차례 공개 강연이 있었는데 그때마다 모두 내게 통역의 기회가 주어졌다. 그분 강연원고를 번역하여 감신 학술저널 『신학과 세계』에 싣기도 했다. 그것으로 나는 유학 시절 고마움에 답하고자 했다. 물론 충분한 감사가 되지 않았지만 말이다. 당시 강연 제목이 성서 구절 「나를 반대하지 않는 이는 나를 지지하는 것이다」였다. 그것으로 종교 간 대화의 토대를 풀어내셨다.

한국에 그분 제자가 적지 않다. 감리교를 비롯하여 예장, 기장 교단에도 두루 폭넓게 있다. 오트 교수님의 여러 명저가 있지만 그중 본회퍼(D. Bonhoehoffer) 관련 책을 가장 좋아하는 편이다. 오트 교수와 본회퍼 신학 간의 상관성을 의아하게 여길 수 있겠으나 그의 제자 정지련 박사가 이 주제로 학위논문을 썼다.

3

·
·
·
·
·
·
·
·

신학에 깊이를
더해주신
선생님들

정의, 평화, 창조 질서 보전을 주창한 물리학자

이번 글에서는 물리학자인 폰 바이제커(Carl Friedrich von Weizsäcker) 박사님을 회고한다. 직접 사제관계는 아니지만, 그와 만남으로 해서 스위스 유학 이후 나의 신학 방향이 크게 달라졌기 때문이다. 1990년 서울에서 열렸던 「정의, 평화, 창조 질서의 보전을 위한 기독교 공의회(JPIC)」의 발의자가 바로 C. F. 폰 바이제커 박사였다.

벌써 21세기 초입을 벗어나고 있으나 얼마 전까지 20세기 현대신학의 흐름을 바꾼 큰 사건으로 '아우슈비츠 대학살 경험'과 'JPIC(Justice Peace Integrity of Creation)'를 꼽는 것에 학자들 간에서 이의가 없었다. 전자는 의로운 자들의 죽음을 경험하며 하느님 죽음(부재)을 공론화했고, 후자는 기독교의 구원이란 것이 무엇인지 되묻게 했다. 세계적 차원에서 분배 문제의 불균형(불평등), 핵무기의 과다 보유, 생태계의 급속한 붕괴, 이 세 가지 주제가 해결되지 않는 한 기독교의 구원은 요원하다고 봤던 것이다. 바이제커는 JPIC 발의 공로로 스위스 바젤대학 신학부에서 명예 신학박사 학위를 받을 때 전 세계 기독인들에게 "기독교의 구원(정신)은 아직 실현되지 않았다"고 호소했다.

바이제커 이름 앞에 붙은 폰(von)이란 단어는 그가 귀족 집안 출신임을 보여준다. 그의 동생은 당시 독일 대통령을 지냈다. 바이제커는 신학자가 아니라 평신도 물리학자였다. 사실과 가치를 나눴던 종래의 과학을 거부하고 양자를 함께 사유하던 물리학자들 그룹에 속했다. 과학이 가치에 둔감하면 원자폭탄 현실이 재현될 수 있다고 염려했던 탓이다. 이런 시각에서 그는 목하 지구 상황을 살폈다. 3세계의 가난, 1세계 국가들의 핵무기 경쟁, 총체적인 기후 붕괴를 목도하며 그는 '기독교 공의회'를 요청했다. 역사적으로 기독교는 큰 난제 — 주로 교리 문제였지만 — 가 발생할 때마다 공의회를 열어 답을 찾곤 했었다. 이에 착안하여 바이제커는 정의, 평화, 창조 질서의 보전을 위한 전 세계 기독교인들의 공의회를 소집했던 것이다. 이때 공의회 호소를 위해 나왔던 책이 바로 『시간이 촉박하다 (Die Zeit draengt)』였다.

나는 박사학위를 마침과 동시에 이 책을 만났다. 귀국하자마자 이 책을 대한기독교서회에서 번역 출판했고, 이 정신을 교회에 확산시키고자 애썼다. 내가 최초로 번역한 책이었기에 애착도 컸다. 당시 이 공의회가 서울에서 개최된 것은 한국이야말로 JPIC의 모순이 집약된 공간인 것을 세계교회가 함께 인정했던 탓이다. 하지만 정작 한국교회의 반응은 싸늘했다. 이에 대한 의식이 일천했기에 뭔 소리를 남의 나라에서 하는가 싶었을 것이다. 30여 년이 지난 지금도 개신교보다도 가톨릭교회에서 이 정신을 잘 실천하고 있다. 우리에게 없는 JPIC 위원회 활동을 아주 열심히 하는 줄 안다. 성 프란치스코 수도회가 주도하고 있다.

나는 바이제커 교수를 서울서 한 차례 만난 적이 있다. 정확한 해를 기억 못 하겠으나 88올림픽 전후로 강원용 목사께서 크리스챤 아카데미 이름으로 그를 초청했을 때였다. 한글로 번역된 『시간이 촉박하다』를 그에게 선물하며 긴 시간 책 속에 담긴 주제를 갖고 대화했었다. 사적 만남은 고작 이것이 전부였으나 그가 남긴 영향력은 이후 내게 지속되었다. 내 개인적 관심사 차원을 넘어 세계사적 시각에서 그가 던진 문제의식은 계속 심화되었다.

주지하듯 2002년 브라질 리우에서 열린 최초의 기후환경 회담이 JPIC 공의회의 첫 열매였다. 지금껏 곳곳에서 열렸던 기후회의의 출발점이 한국에서 발화된 이 모임의 선물인 것을 기억해야 할 것이다. 당시 본 공의회는 인류의 살길은 1990년을 기점으로 이산화탄소량을 1/3 줄일 것을 권고했다. 지구적 차원의 '사실적 종말'을 경고하면서 말이다. 지금도 이 주장은 여전히 타당하다. 2050년 기후 붕괴 현실을 예견할 때 그의 책명처럼 여전히 시간이 촉박한 상태로 있다.

개인적으로 바이제커는 지금까지 배우지 못한 새 영역에 눈뜨게 했다. 생태학, 생태신학에 관한 책을 읽게 했고 종교와 과학의 대화에 관심을 갖게 만들었다. 로즈마리 류터(Rosemary R. Ruether), 셀리 멕페이그(Sallie McFague), 토머스 베리(Thomas Berry) 같은 멋진 생태 신학자들을 만난 것도 그가 준 자극에서 비롯했다. 종교와 과학에 관한 책도 두 권 출판했던 것 같다. 내 사유의 출발지였던 토착화신학을 생태적으로 풀어 '한국적 생명신학'으로 재구성한 것도 바이제커 덕분이라 말할 수 있을 것이다. 다석 유영모 사상도 이 차원에서 살피는 중이다.

바이제커의 말을 재차 떠올려본다. "JPIC 문제가 해결되지 못할 때, 기독교 구원(정신)의 실현은 아주 멀었다. … 지금 인류는 사실적 종말을 걱정해야 할 때이다." 이에 견줄 때 오늘 한국교회는 너무도 사적 영역에 함몰되었다. 영적 구원이란 이름으로 말이다. 그러나 정말 교회가 그런 곳이던가? 치유란 이름으로 자본주의 폐해의 뒷감당만 할 수는 없지 않을까? 공적 영역과 소통치 못하는 교회, 그곳에서 하는 일을 박수하며 응원할 수만은 없을 것이다. 하늘나라는 공사를 아우른 지평이다. 지연된 하늘나라를 대신하여 생긴 것이 교회임을 명심하고 이제라도 방향을 돌이켜야 마땅하다. 그것이 30여 년 전 이 땅 서울에서 열렸던 JPIC 공의회의 교훈일 것이다. JPIC 공의회 이후 유럽에서는 그 반향을 중심에 둔 글들이 쏟아졌다. 당시 글을 묶은 책이 『인내의 한계(Die Grenze der Geduld)』였다. 내친김에 이 책도 제자들과 함께 대한기독교서회에서 출판했으나 교회의 둔감한 생태의식 탓에 앞의 책과 함께 묻히고 말았으니 매우 애석하다. 최근 그의 역할을 가톨릭의 프란치스코 교종이 강조하고 있으니 다행스럽다. 바이제커가 발의한 JPIC 세계대회에 가톨릭교회가 옵서버 자격으로 초청된 것으로 안다.

로즈마리 류터 교수님

다른 기독교를 꿈꾼 생태 여성 정치신학자

유학 이후 나는 감신 선생님들에게서 배운 토착화신학 전통 위에 서구 생태신학을 수용하여 한국적 생명신학을 전개시켰다. 연장선상에서 종교(기독교)와 과학의 대화를 시도하여 기존 계시신학과 변별되는 기독교 자연신학을 정초하려고 노력했다. 이 과정에서 크게 빚진 서구의 두 여성 생태신학자들이 있는데 로즈마리 류터(R. Reuther)와 셀리 멕페이그(S. Mcfague) 두 분이다. 경중을 따질 경우, 두 학자 모두 내게는 선택이 불가능할 만큼 의미 있는 선생들이었다. 멕페이그는 구성신학자로서 '하느님 어머니론'을 펼쳤으며, 로즈마리 류터는 '가이아로서의 하느님'을 말했다. 앞선 이가 좀 더 조직신학적 사유를 했던 반면, 후자는 성서신학적인 배경에 충실했다. 이 글에서 여성신학자 로즈마리 류터를 선택하여 소개하는 것은 그와 직접적인 만남의 경험 때문이다. 책으로만 만난 스승들 숫자는 손으로 꼽을 수 없을 만큼 많겠지만 짧은 시간이라도 인격적 교감을 나눈 분들은 상대적으로 적었다. 따라서 1996년도에 시카고 게렛신학교 연구실에서 로즈마리 류터와 만났던 기억을 소환하여 이 글을 쓴다.

1996년도에 나와 이은선 교수는 각기 게렛신학교와 노스웨스턴대학교 교환교수로 초청되어 시카고 인근 에반스톤에 머물렀다. 초등학교 4학년과 중학생이 된 두 아들과 함께였다. 당시 게렛에는 로즈마리 류터라는 걸출한 여성 생태신학자가 가르치고 있었다. 당시 나는 연세대를 졸업하고 늦깎이 신학생이 된 전현식 선생을 류터 교수에게서 생태학을 공부하도록 추천서를 써준 상태였다. 우리가 미국에 도착한 1996년도에 그는 코스워크를 마쳤고, 논문을 쓰면서 위스콘신주에서 목회 중이었다. 지금은 신학 동료가 되었지만, 당시 나는 전현식 선생에게 동학을 소개했고 수운 최제우의 사상을 생태신학적으로 연구해볼 것을 요구했었다. 결국 그 주제가 수용되어 그는 박사 논문을 마칠 수 있었다. 앞선 언급대로 토착화 전통과 생태학의 주제를 연결해 토착화신학의 지평을 확장하고자 했던 까닭이다. 이보다 앞서 지금 감신대 여성신학 교수로 재직 중인 김정숙 교수가 로즈마리 류터의 신학 사상을 주제로 그녀의 지도하에 학위논문을 거의 마치고 있었다. 이런 인연으로 우리는 류터 교수와 아주 자연스럽게 만날 수 있었다. 제자들의 이야기를 나눴고, 동학에 관한 물음을 던졌으며, 우리 부부의 신학적 관심을 경청했다. 명석한 신학자였지만 우리 눈앞에 앉은 류터 교수는 아주 넉넉한 아주머니, 초로의 할머니 모습을 하고 있었다. 그의 손은 거칠었고, 옷차림도 수수했으며, 신발은 아주 낡은 상태였다. 한국에서 온 학자들과 격의 없이 솔직한 대화를 나눌 수 있는 인품을 지닌 분이었다. 그녀와 아주 기분 좋게 식사하며 대화했던 기억이 지금껏 생생하다.

게렛신학교 기숙사에 머물며 류터 교수의 저서를 여러 권 읽었다. 그중 가장 큰 자극과 영향을 받은 책이 앞서 말한 『가이아와 하느님(Gaia & God)』이었다. 하느님 존재를 어머니 지구를 뜻하는 가이아보다 나중에 위치시킨 책명을 지녔다. 자연과 지구를 중심으로 하는 새로운 신학 체계를 설득력 있게 서술한 책이었다. 귀국 후 나는 잠시 이대 출판부 편집위원을 맡았었는데 전현식 선생에게 이 책을 번역 의뢰토록 조치했다. 약속 시점보다 훨씬 늦었지만, 그의 이름으로 이 책 『가이아와 하느님』(이화여대 출판부, 2000)이 출판되어 읽히고 있으니 감사한 일이다. 위 책을 읽는 중에 나는 류터 저서에 많이 인용된 흥미로운 책 한 권을 발견했다. 우리에겐 『엔트로피』의 저자로 널리 알려진 J. 리프킨의 『생명권 정치학(Biosphere Politics)』이었다. 지금껏 인류가 지표권 정치학에 함몰되어 울타리치기(Encloser) 하는 데 정신 팔렸으나 앞으로는 생명권에 주목, 새 정치를 요구한 책이었다. 깊은 인상을 받고 귀국 후 대화문화아카데미에서 번역 출판(1996)했다. 제레미 리프킨의 이후 저서들 모두가 결국 '생명권 정치학'의 틀거리에서 쓰였다고 봐도 과언이 아닐 만큼 중요한 내용을 담았다. 그의 모든 책이 큰 출판사에서 출판되었는데 유독 이 책만 제외된 것도 예사롭지 않다. 생태 위기 시대에서 신학이 관심 가져야 할 아주 중요한 책이라 생각한다.

대학 은퇴 무렵, 아마 종교개혁 500주년의 해에 류터 교수의 다른 책 『신앙과 형제 살인, 반유대주의의 신학적 뿌리』(대한기독교서회. 2001)를 읽고 큰 감동을 받았다. 평소 종교다원주의 사조를 가르쳤고, 그를 통해 평화를 뿌리내리고자 했던 나에게 아주 소중한 책이었다. 특별히 성서신학적 배경이 탄탄했고, 내용이 충실했기에 주변인들에게 읽도록 권면하기도 했다. 주지하듯 종교개혁자 마르틴 루터(Martin Luther)는 유대인 혐오주의자로 유명했다. 가톨릭을 배경했던 여성신학자 R. 류터는 이점이 못마땅했던 것 같다. 더욱 근원적으로 그는 복음서 속에 이미 유대인 혐오가 내포되었음을 보았다. 예수 당시 기독교로 개종한 사람들이 유대교 회당에서 저지른 만행도 성서를 인용하며 적시하였다. 반유대주의 정서가 성서의 핵심 내용인 것을 폭로한 것이다. 반유대주의 뿌리가 실현된 종말 사상, 곧 구원을 독점한 배타적 예수 이해로 귀결된다는 것이 이 책의 핵심 골자이다. 하여 저자는 세계종교들과 더불어 생태적 미래를 계획하려면 최소한 '종말'을 미래로 미뤄두고, 그 과정에서 모두와 협력하는 평화신학을 계획, 실현시킬 것을 요구했다. 여성신학자가 온건한 방식으로 배타적 기독론(종말론)을 수정코자 한 것이다. 앞으로도 전통적인 기독론은 서구 안팎에서 거듭된 도전을 받을 것인 바, 역사적 예수의 등장이 이미 그 한 징조라 하겠다.

이처럼 로즈마리 류터 교수는 그의 인품은 물론 그의 신학 사상에 있어서 아시아 신학자인 필자에게 아주 소중한 스승이 되었다. 벌써 지난해에 고인이 되셨기에 한 번 더 만날 기회가 없어진 것이 안타깝다. 이렇게나마 지면으로 그분의 소중한 신학적 유산을 떠올리며 감사의 마음을 전한다. 그의 제자 김정숙 교수로부터 그가 소중히 간직하고 있는 류터 교수의 사진 몇 장을 얻었다. 사진 모습 그대로 온화한 분이었는데 그 속에서 이처럼 멋진 신학 사상이 나온 것이 놀랍기만 하다.

류승국 교수님

동서를 회통시킨 국보급 유학자

고 류승국(1923~2011) 선생님은 성균관대 동양철학 교수셨고, 한국학중앙연구원의 전신인 정신문화연구원 원장을 역임하셨다. 2011년 89세의 연세로 세상을 떠나시기까지 자신의 연구 분야인 유교는 물론 불교, 도교, 그리고 동양철학자로서 거의 유일하게 기독교와의 대화에 천착하셨다. 종교 간의 갈등을 해결하여 종교의 힘으로 평화를 누리는 것을 학문의 최종

목표로 삼았던 까닭이다. 이 점에서 선생님을 유교 신학자라 말해도 과하지 않다. 유교가 조상만 알고 그 궁극 처인 하느님을 잊었다고 종종 비판했기 때문이다. 하여 선생님은 가톨릭 배경을 지닌 불교계의 이기영 교수와 종종 비교되기도 한다. 선생님은 유학 사상이 중국 것이 아니라 인방족(人方族), 곧 한국 고대사상의 일환이었음을 갑골문 해독을 통해 온갖 비판을 받으면서도 역설하셨다. 이는 광개토대왕 비문을 판독하여 한국 사상의 원형을 밝혔기에 가능한 주장이었다.

내가 그분을 선생님이라 부르며 이 글을 쓸 자격이 있는지 모르겠다. 그분에 대해 아는 것이 코끼리 다리 만지듯 극히 적은 부분일 것이기 때문이다. 그런데도 선생님을 내 마음속에서 큰 스승으로 기리는 이유가 없지 않다. 유학 시절 신유학을 공부하면서 류승국 선생님의 저서를 몇 권 읽은 것이 그분에 대한 앎의 시작이었다. 귀국 후 해천 선생님 기일인 정월 어느 날이 되면 변선환 선생님은 류승국 선생님을 모시고 작은 학술 세미나를 개최했다. 그 자리에 성균관대 한국학과 교수이신 이동준 선생님도 늘 함께하셨다. 이들은 감리교 목사의 두 따님과 결혼하신 동서지간이었다. 이동준 교수의 부친으로 『정역』 연구의 대가인 이정호 선생님이 류승국 선생님의 스승이었고, 동시에 이동준 선생은 류승국 선생의 제자였다. 이런 얽혀진 인연 탓에 이 두 분은 학문적 동지로서 언제든 함께 움직이셨다. 해천 윤성범 선생님 기일을 맞아 몇 년 동안 우리는 이분들과 예배를 함께 드렸고 해천의 신학 사상을 발표, 토론하는 시간을 가졌다. 류승국 선생님은 해천 선생께서 『성(誠)의 신학』을 집필할 때 자신과 몇 날 며칠 동안 전화기를 통해서 묻고 답하는 과정이 있었다고 하였다. 당시 한국종교사학회란 이름을 걸고 자주 모여 친분을 쌓았기에 이런 일이 가능할 수 있었을 것이다. 두 해에 걸쳐 연이어 나와 이은선 교수는 선생님들 앞에서 '유교와 기독교 대화'를 주제로 발표했던 바, 좋은 평가를 득했다. 이런 연유로 류승국 선생님과의 인간적 관계가 시작되었다. 후일 이은선 교수가 성균관대학교 한국학과에서 이 두 분 선생님 지도로 여성 유학자들을 주제 삼아 박사 논문을 썼던 것도 이런 인연 때문이었다. 그 과정에서 나 역시 종종 류승국 선생님의 강의를 접했는데, 서너 시간씩 지속된 그분 강의에 매료되는 경험을 자주했다.

내가 선생님을 더욱 가깝게 느낀 것은 그분이 다석 유영모를 가장 존경했고, 그 뜻을 좇아 살고 계셨기 때문이었다. 다석을 좋아하는 여러 신학자들을 알고 있었으나 선생님처럼 그분 말씀을 좋아하고 그대로 살려는 사람은 찾기 어려웠다. 선생님은 다석의 얼굴 사진을 책상 위에 붙여놓고 늘 그와 대화하면서 선생의 뜻을 받들어 하루를 시작하셨다. 다석과 영으로 교제했던 것이다. 한시도 '맛'으로 살지 않고 '뜻'을 따라 살고자 하셨다. 내가 들었던 바로는 다석 선생이 결혼식을 주례한 것은 류승국 선생님 부부가 처음이자 마지막이라 했다. 버스를 몇 번씩이나 갈아타고 경기도 이천까지 오셔서 결혼식 주례를 하셨다는 것이다. 그런 감사의 마음 때문인지는 모

르겠으나 선생님의 다석 사랑은 타의 추종을 불허했다. 이은
선 교수가 박사 논문을 마치고 스승들을 대접하는 저녁에 나
는 다석 연구의 첫 열매인 『없이 계신 하느님, 덜 없는 인간』
(모시는 사람들, 2009)이란 책을 출판하여 선생님들께 헌정했다. 그
날 저녁 새로 탄생한 박사 논문과 단행본으로 출간된 다석 연
구서에 관한 이야기가 늦은 시간까지 지속되었다.

　나를 더욱 감동시킨 결정적인 사건이 있었다. 그분을 선생
님으로 기억해야 할 절실한 이유가 된 경험이었다. 편찮으셨
으나 선생님은 병원 신세를 그리 오래 지지 않으셨다. 돌아가
시기 2주 전쯤 우리 부부는 선생님을 문병했다. 작고하기 보
름 전이면 대개 힘이 부족하여 누워 계실 것이라 생각하여 조
심스럽게 문안드렸다. 하지만 선생님은 벌떡 일어나 앉으셨
고, 있는 힘을 다해 본인이 다석의 가르침을 어떻게 실천하
며 살았는지를 여러 장의 종이 위에 적으셨다. 거의 한 시간
가량의 열정에 찬 말씀을 병실에서 들었다. 자기의 죽음을 확

실히 예감했음에도 죽음에 연연치 않고 제대로 사는 길을 후학에게 가르쳤던 것이다. 나는 종종 그때 그 장면을 떠올리며 그런 일이 어찌 가능할 수 있었을까를 반추한다. 삶과 죽음을 둘이 아닌 하나로 확신했기에 죽음의 순간에도 참삶을 가르치려 했던 것이라 믿는다. 병실에서의 선생님 마지막 강의는 나를 굴복시켰고, 이론 그 이상의 깨침을 선물했다. 정작 신학자들에게서 받을 수 없었던 이런 경험을 주고 가신 류승국 선생님이 매우 고맙다.

은퇴 후 경기도 이천으로 기와집을 짓고 이사하신 선생님 댁을 찾은 적이 있었다. 그때 사모님과 함께 한복을 입으시고 우리와 함께 찍은 사진이 어딘가에 남아 있다. 그 사진을 보며 위대한 석학과 나눴던 시간들을 회상해 보곤 했다. 이런 사상가이자 영성가 선생님을 가까이서 만날 수 있어 우리 삶은 참으로 은총이었다. 해천 윤성범, 일아 변선환 선생이 있었기에 가능한 일이었다. 이분들과 류승국 선생님의 관계가 있었기에

그분 역시 우리 부부의 큰 스승이 될 수 있었다. 그분 조카이
자 이동준 교수님의 따님인 주역 연구가 이선경 선생도 길벗
이 되었으니 이 또한 감사한 일이다.

유영모, 함석헌의 계보를 잇는 한국 종교사상가

    도올 김용옥 선생님과 나의 연차가 7~8세 정도 되지만 교수임용 시기는 그만큼의 간격은 아니었다. 대만, 일본, 미국 등지에서 유학 생활을 길게 했던 선생님에 비해 나의 유학 기간이 상대적으로 짧았던 까닭이다. 고려대를 포기하고 독자적 사상가로 평생 살아온 삶의 궤적에 머리 숙이지 않을 사람이 없을 것이다. 그가 펴낸 책 수를 비롯하여 증쇄를 거듭한 서적들, 그리고 그를 따르는 독자들을 생각할 때 나는 종종 도올 선생을 함석헌 선생과 견줘 보곤 했다. 근자에 더욱 명확해지지만 도올 선생도 단순한 학자가 아니라 사상을 품은 존재로서 세상을 염려하는 큰 품을 지녔기 때문이다. 물론 그를 싫어하고 평가 절하하는 사람들도 내 주변에 적지 않다. 특히 성서학자들의 반감은 도를 지나칠 정도였다. 그럴수록 나는 도올 선생을 한국 개신교회가 소중히 여겨야 할 인물이라 확신한다.

선생님을 개인적으로 알지 못했던 교수 초년 시절 나는 그분 책이 출판되는 즉시 사서 읽었다. 그의 박사 논문을 번역 출판한 『왕부지의 기 철학』을 비롯하여 『여자란 무엇인가?』, 『나는 불교를 이렇게 본다』, 『절차탁마 대기만성』, 『동양학 어떻게 할 것인가?』. 심지어 그가 썼던 태권도 이야기까지 모조리 읽었다. 물론 그 이후에 나온 책들, 성서 연구에 관한 책을 비롯하여 최근의 『동경대전』 1·2까지 두루 독파했다. 책을 접할 때마다 그의 학문적 자신감이 부러웠고, 그 담대함의 근원이 한문 실력에 있다고 여겼으나 내겐 범접할 수 없는 경지였다. 한문 공부에 도전하고 싶었지만 이미 익숙해진 교수 생활이 이를 방해했다. 그럴수록 책을 통해 도올 선생의 사유와 대면코자 노력했다.

내가 한국조직신학회 회장으로 활동하던 시절이었다. 당시 도올 선생은 구약성서 무용론을 주장했고, 그것이 기독교계에 큰 충격이 되었다. 사실 구약성서 무용론은 2022년 말 소천하신 유동식 교수의 평소 지론이기도 했다. 우리 민족의 경우 구약성서 대신 유불선을 통해 신약의 예수에 이를 수 있다는 것이 소금 유동식의 생각이었다. 그런데도 기독교 학계에서 유독 도올 선생만을 반기독교적 사상가로 매도하는 분위기가 확산되었다. 그런 시점에 나는 조직신학회 이름으로 선생을 초청하여 학문적 토론의 장을 만들었다. 감신대 중강당에서 개최했었는데, 후문이지만 여러 교회에서 이 토론회를 무산시키려는 조직적인 움직임이 있었다고 들었다. 조직신학회

임원들도 부담을 느꼈는지 반대했으나 회장 자격으로 힘껏 추진했다. 엄청난 청중이 모였던 토론회 결과가 그리 부정적이지 않았다. 도올 선생은 충분히 자기의 입장을 개진했고 청중들은 그에게 박수를 보냈다. 이후에도 Q 문서를 갖고 조직신학회 차원에서 도올 선생과 한 차례 더 토론회를 연 적이 있었다. 신약학자들과 Q 문서를 갖고 충분한 대화를 나눴던 것이다. 이후 많은 시간이 흘러 이런 사실을 잊고 있었다. 종교개혁 500주년을 맞아 도올 선생은 루터에게 신학적 영감을 주었던 「로마서」를 주해하며 『로마서 강해』(통나무, 2017)를 집필했고 책 앞장에 세 사람의 이름을 적어 감사한 마음을 전했다. 그곳에 유동식과 안병무에 이어 내 이름이 있는 것을 보고 깜짝 놀랐다. 앞의 두 분은 그럴 수 있겠지만 도올 선생보다 연하인 내 이름이 적힌 것이 의외였다. 도올 선생은 나에 대해 이렇게 적었다. "자신을 한국 신학계에 데뷔시켜 준 이정배 교수에게 감사한다"고 말이다. 이렇게 해서 도올 선생과 나의 개인적 인연이 생겨났고, 이후 계속 관계를 쌓아갈 수 있었다. 그의 『마가

복음 강해』(통나무, 2019) 서평을 이은선 교수가 썼던 것도 이런 배경에서 이뤄졌다. 이후 우리 부부의 책을 선생에게 보냈고, 선생님은 당신의 저서를 우리에게 선물해 주었다. 책 속에 담긴 선생님의 정성, 글과 그림으로 장식된 속표지를 보며 그분의 미적 감각에 고개를 떨궈야만 했다.

2022년 말 선생님과 두어 차례 거듭 만났다. 한번은 안병무 선생님 탄생 100주년 기념 강연회장이었고, 다른 한 번은 변선환 학장 종교재판 30년 역사를 회고하는 자리에서였다. 이 두 곳에서 선생님은 한국 신학계의 큰 인물, 두 분에 대해 멋진 강연을 해 주셨다. 안병무의 민중신학을 조선조 '사단칠정론'의 논쟁사 차원에서 멋지게 의미화하셨고, 변선환의 종교다원주의를 성서를 넘어 세계 속으로 파고든 신학 담론의 결과였다고 높이 평가했다. R. 불트만의 비신화화론을 각기 다른 방식으로 극복한 두 신학자를 이렇듯 새롭게 분석한 도올 선생의 혜안이 놀라웠다. 프레스센터 행사장에서 도올 선생님의 사모님을 처음 뵈었다. 선생님과 학문적 도반으로서 대단한 한문학자신데 이날 종교재판 30년 행사장에 선생님과 함께 자리하셨으니 감사한 일이다.

상술한 것처럼 종교재판 30주년 행사에 선뜻 귀한 글을 써주셨기에 감사의 마음을 전하고 싶었다. 마침 대학로에서 제주 4.3 사건을 주제로 아들 이경성 교수가 연출한 연극 「섬 이야기」가 공연 중이었다. 선생님과 통나무출판사 직원 몇 분을 초대했다. 선생님은 연출자의 연출 기법이 독창적이라고 거듭 격려하셨다. 사실 제주 4.3을 주제 삼은 이번 연극이 도올 선생님의 강의를 듣고 싹텄던 것이라 했으니 이 또한 깊은 인연이라 할 것이다.

내가 도올 선생님을 좋아하게 된 것은 그분 속에 담긴 깊은 기독교적 심성 때문이었다. 겉으로 드러난 선생님만 보면 그분을 잘 알지 못한다. 어느 글인지는 기억나지 않으나 나의 가습을 먹먹하게 만든 것이 있다. 김용옥 선생이 한신대를 다니면서 천안 어느 교회에서 설교했던 기록이 담긴 주보를 지금껏 소중하게 보관하고 있었다. 한신대를 떠나면서 외피적인 기독교는 벗어던졌지만, 어머니로부터 물려받은 종교적 심성만큼은 벗겨낼 수 없었다고 생각했다. 최근 도올 선생은 나라에 대한 우환 의식을 깊이 발설하고 계신다. 엄밀한 학문성, 내밀한 종교성 그리고 걱정스러운 세상에 대한 사자후를 지속적으로 주목하고 있다. 『동경대전』 집필 후 많이 지치셨던 모양이다. 안병무 선생님 추모강연장에서 스치듯 이제는 죽어도 좋다는 말씀을 남겼다. 자기 할 일, 하고픈 일 모두 마치고 이런 말을 남길 수 있는 삶이 부러울 뿐이다.

김경재 교수님

대승적 기독교의 주창자

　이번 글에서는 한신대에서 은퇴하신 김경재 교수님을 기억하여 기록한다. 최근 어느 동영상에서 선생님의 야윈 모습을 접했는데 마음이 아팠다. 선생님은 1970년대 중후반 나의 학창 시절 때 이미 대학에 적을 두고 계셨다. 30대 후반부터 가르치셨기에 70을 눈앞에 둔 내게도 언제나 선생님으로 기억되고 있다. 직접 얼굴을 뵌 것은 유학 이후 교수 시절이었지만 책으로는 아주 일찍 만났기에 선생님은 내게 아주 익숙한 분이시다. 직접 배운 적은 없었으나 교수 시절 선생님과의 아름답고 뜻있게 만남이 적지 않았다.

나이로 봤을 때 김경재 선생님은 변선환 선생님과 나 사이에 중간쯤 자리하신다. 변선환 선생님과 김경재 교수님, 그리고 김경재 선생님과 나의 나이 차이가 대략 14~5년 터울을 둔 것 같다. 신학 활동을 펼치는 과정에서 세월의 차이만큼 서로를 존경했고 이해했으며 힘이 되었음을 감사하고 싶다. 30년 교수 생활을 하며 선생님과 공적, 사적 관계를 많이 맺었다. 우선 떠오르는 것은 크리스챤 아카데미에서 함께했던 '생명목회콜로키움', 그리고 회장과 총무로서 만났던 '한국문화신학회'이다.

상술한 콜로키움을 선생님과 함께 이끌면서 좋은 책을 많이 읽었고, 교파를 초월한 목회자들 상당수를 만났다. 당시 영성이란 말이 크게 회자 되지 않았으나 이분들의 학구열을 영성이라 표현해도 과하지 않을 것 같다. 선생님은 '문화신학'을 '조직신학' 영역에서 떼어내어 별도의 학문 장으로 만드셨다. 당신께서 좋아하던 폴 틸리히(Paul Tillich) 신학 영향이었을 것이다. 당시 기독교 공동학회가 이런 시도를 반대했으나 선생님은 문화신학의 독자성을 강조, 설득하여 결국 뜻을 이루셨다. 상당 기간 선생님과 나는 회장과 총무로서 문화신학회를 안착시키고자 애를 썼다. 문화신학회 회장 시절 선생님의 글을 받아 800쪽을 넘긴 『한류로 신학하기 : K-Christisnity)』(동연, 2013)를 펴낸 적도 있다. 그 문화신학회가 지금은 어찌 운영되고 있는지 후학들과 연결이 끊겨 아쉬움이 크실 것인바, 나역시 그렇다.

최근까지도 선생님과의 만남은 지속되고 있다. 한겨레신문 조현 기자가 공들여 만든 모임 '환희당포럼'이 평창동 지인의 집에서 매달 한 번씩 열리고 있는 까닭이다. 코로나 이전까지는 각 종교를 대표하는 학자 종교인 10여 명이 모여 책을 읽거나 사안을 논했고, 여행을 가면서 우정을 쌓았다. 선생님은 이 모임에서 정신적 지주 역할을 하셨다. 함께 세월호 광화문 광장을 찾은 적도 있었고, 한 아기의 탄생을 여러 종교방식으로 축복했으며, 지인 모친의 죽음을 환희당 식구들이 함께 공동 의례화한 적도 있었다.

선생님은 자신의 중요한 행사에 자주 나를 불러 세우셨다. 본인 책이 출판되었을 때는 내게 수차례 서평을 부탁하셨고, 선생님이 좋아하는 장공 김재준에 대한 글도 쓸 기회를 만들어 주셨다. 지금도 선생님 저서, 내가 감동스럽게 읽었던 『이름 없는 하느님』을 서평 했던 기억이 생생하다. 선생님의 마지막 역작 『틸리히 신학 되새김』도 후학들과 함께 축하해 드렸다. 자기 전공을 이렇듯 결실로 맺은 선생님이 매우 부러웠던 까닭이다.

내 삶의 중요한 순간에도 물론 선생님이 곁에 계셨다. 감신에 재직할 때는 학생들에게 선생님을 찾아뵙고 가르침을 청하라 누차 권유했다. 무엇보다 내가 이사회와의 갈등으로 조기(명예) 퇴직하는 자리에 선생님을 모셨다. 당시 '석과불식(碩果不食)'이란 말로 사자후를 토하신 것을 기억하고 있다. 남겨진 씨앗마저 먹어 치우는 과오를 범하지 말라고 감리교단에 일갈하신 것이다. 감신의 토착화, 종교신학 전통을 살려 놓으라는 충언이었다. 그 일을 하고 있는 이정배 교수를 중히 여기라 명하신 것이기도 했다. 선생님을 직접 사사한 적은 없었지만 이렇듯 삶의 깊은 자리마다 만남의 흔적을 남기며 살았다. 기고된 글을 읽으시곤 때론 과한(?) 칭찬도 해 주셨다. 한마디로 선생님의 역할을 다하시며 사신 것이다.

선생님과의 차이, 다름도 없지 않았던 것 같다. 장로교 신학자로서 진보주의는 좋게 생각하셨지만, 감리교의 자유주의 전통에 대해서는 일정한 거리를 두셨다. 정치 현안에 대한 자유주의 신학의 한계를 봤기 때문일 것이다. 그분이 일아 변선 환 선생님과 가까우면서도 하나가 될 수 없는 이유였다. 비종 교화(본회퍼)는 수용하되 비케리그마화(프리츠 부리) 작업은 받아들 이지 않았던 결과일 것이다. 선생님의 신학적 입장이기에 존 중될 사안이나 탈 서구화의 현실에서 학문적 토론이 더욱 가 열 차게 이뤄졌으면 좋겠다. 현실정치에 대한 문제의식은 신 학보다 삶의 기본태도에서 결정된다는 것이 조심스러운 나의 생각이다.

또 한 가지, 다석 유영모와 함석헌을 바라보는 시각차도 존 재했다. 선생님은 후자의 편에서 앞선 이를 보았고, 나는 전자 의 시각에서 나중 분을 살핀 것이다. 두 분 다 훌륭하나 대개 토착화신학자들은 다석에게 무게 중심을 두었고, 기장계열 민 중신학자들은 함석헌을 더 중시했다. 이 역시 신학적 입장 차 에서 기인한 것이겠다. 각설하고 선생님의 '대승적 기독교'란 말은 함석헌 사상과 잇댄 것으로 두고두고 한국교회가 좌우명 삶을 주제라 생각하여 자주 언급하며 산다.

 최근 선생님은 먼저 자리보전하고 누우신 사모님을 간호하시느라 많이 지치셨다 들었다. 노인이 노인을 돌보는 일이 쉽지 않을 터인데 걱정이 크다. 그런 몸으로 언제든 먼저 전화로 안부를 물으시곤 하는 바, 피할 쥐구멍도 찾을 수 없다. 조만간 건강한 모습으로 선생님을 다시 뵐 날을 만들 것이다.

변선환 사상을 품었던 가톨릭 토착화신학자

　이번 글을 쓰면서 아직도 가슴속에 많은 선생님이 남아 있음을 느낀다. 한 사람이 학자로서의 삶을 살기 위해 이토록 많은 선생님의 영향이 필요했음을 새삼 느껴본다. 누구든 홀로 되(서)는 법은 없는 바, 두 번에 걸쳐 가톨릭 신부, 수녀님 두 분 선생님을 떠올려 볼 것이다.

누님 두 분이 가톨릭 집안으로 출가한 탓인지 모르겠으나 나는 가톨릭 성직자 — 주로 학자 신부, 수녀님 — 들을 접할 기회가 많았다. 수녀님들 교육하는 양성장에서도 4학기 이상 가르치는 기회도 얻었다. 그곳에서 각기 다른 수도회 소속 수녀님들 다수를 만났다. 수녀복이 그렇게 다양한 것도 처음 알았다. 수녀님들이 내게 지어준 이름이 '아브라함'이었는데 지금껏 과분하다 느낀다.

심상태 신부님과는 서울 능동에 있는 가톨릭 중앙본부에서 자주 만나 뵈었다. 독일어권에서 칼 라너(Karl Rahner)를 사사한 신부님은 그리스도교의 토착화를 위해 평생 전념하셨다. 매달 한 번씩 거의 2년에 걸쳐 신론, 기독론, 교회론, 인간론 등 조직(기초)신학의 주제들을 한국적으로 이해하고 재구성하는 일에 최선을 다하셨다. 그 자리에 나는 때론 발제자로, 논평자, 토론자로 참여했다. 그때의 연구 결과물들이 주제마다 아주 두꺼운 책 몇 권으로 출판되었다. 지금 나의 책상 앞에

『신론의 토착화』와 『공동체의 토착화』 두 권의 책이 꽂혀있다. 이 책을 볼 때마다 온화하되 치열하게 연구하셨던 신부님 모습이 떠오른다.

이후 심상태 신부님은 서울 가톨릭대학을 떠나 수원교구로 자리를 옮기셨고, 수원가톨릭대학에서 가르치셨다. 잘은 모르나 신부님 역시 보수 제도권의 견제를 받으셨던 것 같다. 이곳에 몸담으시면서 신부님은 많은 신도의 지원을 받아 '그리스도사상연구소'를 만드셨다. 학문적 작업뿐 아니라 아름답고 멋진 건물도 수년에 걸쳐 세우셨다. 신부님의 유무형적 활동을 보며 나는 그분을 많이 부러워했다. 학문적 열정, 이끄시는 온유한 리더십, 그리고 신도들과 함께하는 추진력을 보고 많은 것을 배울 수 있었다. 신부님은 개신교 신학자인 나에게 그리스도사상연구소 연구위원을 맡기셨고, 그런 연유로 그곳에서 함께 프로그램을 짜고 누차 발표도 했던 바, 많은 가톨릭 성직자와 교분을 쌓는 기회가 되었다. 이 연구소를 통해서도 신부님은 엄청난 결과물을 만드셨고 탄탄한 운영구조를 갖추셨다. 그때도 이전처럼 부러움과 놀라움이 내 몫이었다.

이렇게 젊은 시절 나는 신부님과 생각을 나누며 깊이 관계했다. 신부님은 이제 곧 3세계와 아시아를 중심으로 서구 가톨릭교회의 세력 판도가 바뀔 것을 내다보시고 각 지역의 언어와 생각으로 기독교를 토착화시키는 것으로 가톨릭교회의 미래를 준비하신 것이다. 이를 교회가 알아주었고 신도들이 믿었기에 신부님은 최선을 다해 연구하셨다. 개신교 풍토에서 기대하기 힘든 일이었다. 많은 (평)신도들이 신부님의 연구 활동을 적극적으로 후원하는 모습을 부럽게 지켜보았다.

신부님은 참으로 온화한 분이셨다. 늘 작은 목소리로 이야기하신다. 개신교 목회자들의 시끌벅적한 분위기와 전혀 다른 모습을 보여주셨다. 가톨릭 행정상 교수직과 사목직을 번갈아 맡는 것이 보통이지만 신부님은 교수직을 평생 지키셨다. 사목활동보다는 학문적 연구가 신부님의 달란트라고 교구가 인정했던 까닭이다. 그만큼 신부님은 학문에 목숨을 걸었다. 그분처럼 저서를 많이 출판한 학자는 개신교계를 포함해서도 찾을 수 없을 것이다.

　나도 개인적으로 신부님을 두어 차례 모신 적이 있었다. 한 번은 일아 변선환 선생님 종교재판 즈음하여 퇴임을 위한 심포지엄 자리였다. 여기서 신부님은 "변선환 선생은 홀로 큰 걸음으로 앞서갔으나 나는 신도들과 함께 반걸음씩 앞으로 가고 있다"는 말씀을 하셨다. 변선환 선생님과 신학의 방향은 함께하나 가톨릭이란 제도하에서 작은 걸음으로 성도들과 함께 걷고 있다는 것이다. 지혜로운 현실적 이야기라 생각했다. 다른 한 번은 대화문화아카데미가 기획한 '내가 믿는 부활' 심포지엄에서였다. 평생을 그리스도교회에 몸담은 신·구교 신학자 10여 분에게 죽음 이후 세계를 어떻게 생각하는지를 허심탄회하게 묻는 자리였다. 가톨릭 측에서는 심상태, 정양모, 서공석 신부님이 초청되었다. 여기서 신부님은 다른 분들에 비해 탁월한 신학적 견해를 밝히셨다. 개인 차원의 부활을 넘어 우주 생태계의 변화를 피력하셨던 것이다. 당시 이분들의 부활에 관한 신앙과 신학 이야기가 『내가 믿는 부활』(대화문화아카데미, 2021)로 엮어졌다.

몇 년 전 신부님 팔순 기념논문집 발간 소식을 전해 들었다. 필자는 물론 개신교 신학자들 서너 명의 글을 받고 싶다는 전갈을 준비위 측으로부터 받았다. 심상태 신부님의 의도가 반영된 것이라 믿고 그렇게 준비했다. 나는 심 신부님의 신학 전반을 정리했고, 제자인 후학들에게는 그분의 토착화론을 쓰도록 한 것이다. 유교와 기독교의 대화를 주제로 기고한 이은선 교수의 글 역시 많이 주목받았다. 개신교 정치신학에 관한 글도 기고되었다. 당시 허리를 다치셔서 거동이 불편하신 모습을 뵈었는데 지금은 나아지셨는지 궁금하다. 당시 그 기념식 자리에서 신부님 어린 시절 동영상을 볼 수 있어 좋았다. 그때부터 그는 우등생, 모범생이었다.

심상태 신부님의 학문적 결의를 엿볼 수 있는 이야기 하나를 소개하는 것으로 글을 맺는다. 직접 들은 것은 아니었으나 그 자리에 참석한 지인 수녀님이 전해주신 것이라 틀림없는 사실일 것이다. 서울 가톨릭신학대학에서 프랑스의 학자 신부님들 몇 분을 모시고 세미나를 한 적이 있었다. 지위도 상당히 높았던 분들이라 들었다. 자신들의 서구적 교리에 따라 하느님에 대한 엄청난 생각을 쏟아 놓았다. 이 모임을 주관한 대학 총장께서 심상태 신부님이 뒷자리에 앉아 계신 것을 보고 세미나 총평을 부탁하였다. 앞자리로 나가 단에 서신 심상태 신부님은 인사말과 함께 솔직한 심정을 피력하셨다. "당신들 프랑스 신부, 학자들이 말한 하느님은 우리에겐 없는 것 같다"고.

이 말을 총장신부께서 어찌 번역하여 전달했는지는 모르겠으나 이 말속에 심상태 신부님의 모든 것이 담겼다고 생각한다. 젊었던 교수 시절 신부님과 함께했던 시간이 참으로 고맙고 감사하다. 내 삶에 신부님의 크고 작은 말씀들과 보이신 삶의 모습들이 큰 힘이 되었음을 고백한다.

민족통일을 신학의 과제로 여긴 본회퍼 연구자

아마 손규태(1940~2019) 선생님과 나의 인연을 가늠하는 이가 거의 없을 것 같다. 삶의 궤적에서 겹치는 부분이 전혀 없기 때문이다. 출신 학교도 근무지도 전혀 달랐다. 그렇다고 개인적 만남이 잦았던 것도 아니었다. 그런데 왜 고인이 되신 선생님이 떠오른 것일까?

내가 선생님을 처음 알게 된 것은 독일서 공부를 마친 후 성공회대학에서 기독교 윤리학을 가르치실 무렵이었다. 본회퍼를 전공하셨다는 소식을 접했다. 교수 초년 시절 선생님이 감신에 강의하러 오셨던 기억도 있다. 선생님 곁에는 항시 여성신학자로 활동하신 아내 김윤옥 선생님이 있었다. 그분이 번역하신 여성신학 관련 책 몇 권을 읽은 적이 있다. 우선 『아들만 하느님 자식인가』(분도출판사, 1994)란 번역서가 기억난다. 손규태 선생님을 잘 알기 이전부터 부부 신학자라는 사실 때문에 더욱 친근감을 느낄 수 있었다. 지금까지 이은선 교수와 김윤옥 선생님의 관계도 깊게 유지되고 있으니 감사하다.

선생님이 출판하신 책, 아마 통일 관련한 것이라 기억되는데 당시 기독자교수협의회 회장이던 내게 출판모임을 주관했으면 좋겠다는 말씀을 전하셨다. 기꺼이 그리했고 서평 순서까지 맡았다. 책을 읽으며 기독교 윤리학자로서 평생의 학문적 과제가 통일인 것을 알았고, 큰 배움을 얻었다. 그 이전까지 통일에 관한 신학적 사유가 미천했었기에 나로서는 뒤통수를 얻어맞은 것처럼 정신이 혼미했다. 이 땅에 살면서 통일을 신학적 주제로 삼지 않는 신학이 가능할 수 없음을 성찰하는 계기가 된 것이다. 2023년은 정전 70년이 되는 해인 만큼 평화협정 체결을 위해 더없이 노력해야 할 것 같다.

  작고하시기 얼마 전 이삼열 박사님과 공동으로 통일 관련 책 출판기념회를 여셨다. 당시 나는 이삼열 박사님 책 서평을 맡았기에 선생님 책 『한반도의 그리스도교 평화윤리』(동연. 2019) 읽는 것을 뒤로 미뤄야 했다. 후일 한국전쟁 70년을 맞아 썼던 논문에서 선생님의 위 책을 읽고 많은 것을 인용했다. 죽음의 순간에 이르기까지 쓰고 정리하신 책이었기에 더욱 열심히 학습했다. 본회퍼 전공자로서 선생님은 우리 민족의 통일을 신학에서 말하는 하느님 나라의 이전단계라 여기셨다. 궁극인 하느님 나라에 견줄 때 민족통일은 '준(準) 궁극적 현실'로서 성찰하신 것이다. 그만큼 선생님은 남북한 통일이 세계사적 문제를 풀 수 있는 열쇠로 보았다. 나는 이점을 아주 높게 평가했다.

이런 이유로 민중신학의 산실인 한신대 출신이었으나 손규 태 선생님은 민중보다 민족개념을 중시했다. 얼마 전 타계하신 여성 통일신학자 박순경 선생님과 이 점에서 논조를 같이 하셨다. 이런 차원에서 선생님은 장공 김재준 선생님과 일아 변선환 선생을 가장 의미 있는 한국 신학자로 평가하셨다. 이 점 또한 내게는 기쁘고 감사한 일이 아닐 수 없었다. 김경재 선생의 권유로 장공 김재준을 연구한 긴 글을 썼던 바, 손규태 선생님이 이들 두 분을 중시한 공통이유가 매우 타당하다 여 겼다. 장공의 경우 민중신학의 태동을 도왔던 4.19 혁명 이상 으로 3.1 독립선언을 매우 중시했던 까닭이다.

성공회대 재직 때 선생님은 나를 서울대 김문환 교수님 신 학박사 학위논문 부심으로 초대한 적이 있다. 폴 틸리히(Paul Tillich)를 주제로 쓴 학위논문이었다. 이미 미학 전공자로 자타가 인정하는 대학자의 글을 면전에서 심사하는 일이 쉽지 않았다. 그 따님이 성공회 사제가 되었기에 신학 공부를 시작하신 것이다. 박사 논문 심사를 수없이 해봤으나 그날처럼 힘들었던 경우도 없었던 것 같다. 그 어려움을 알기에 선생님은 그 역할을 내게 맡기신 것이었다. 하지만 그날 심사는 결코 쉽게 넘어가지 않았다. 조금은 신학자의 권위(?)를 부렸던 것으로 기억에 남아있다.

아는 분이 많겠지만 선생님은 재직 때 긴 세월 동안 콩팥이 망가지신 터라 한 주에 두 번씩 병원을 드나들었다. 온몸으로 피를 돌리면서 가르쳤고 글을 쓰셨는데 그 주제가 바로 민족 통일이었다. 실존의 한계를 훌쩍 넘어 민족을 생각하며 사신 것이다. 그런 선생님의 삶을 기억한다면 후학들은 더욱 열심히 공부해야만 한다. 관심하는 주제 또한 '통일'에 이르기까지 확대시켜야만 할 것이다. 선생님은 매우 겸손하셨다. 한참이나 연하인 내게도 언제든 선생이라 호칭하며 따뜻하게 말을 걸으셨다. 결코 과하지 않게 필요한 말을 겸허한 방식으로 옮기시곤 했다. 지금도 선생님을 생각하면 마음에 따뜻한 온기가 전해진다.

선생님 부음 소식을 죄송하게도 해외에 있었기에 듣지 못했다. 그나마 1주기 추모예배를 성공회대 채플에서 함께 드릴 수 있어 다행스러웠다. 선생님을 진심으로 추모하는 제자들이 적지 않음을 알았다. 안산에서 목회하는 어느 제자는 선생님께서 남긴 책을 온전히 보관하여 멋진 도서관을 만들었다는 말도 그 자리에서 들었다. 스승의 삶이 절대 헛되지 않았음을 가늠할 수 있는 소식이었다. 스승 사후 선생님이 남기신 책을 정리, 보관하는 일이 얼마나 어려운 일인지를 변선환아카이브 운영 경험을 통해 알고 있는 까닭이다. 이후라도 나보다 더 손규태 선생님과 아름다운 인연을 맺었던 분들로부터 선생님에 관해 더 많은 이야기를 듣고 싶다. 선생님에 대한 미담이 적지 않음을 알기 때문이다.

이웃 종교인들과의 대화를 이끈 종교학자

지난 시절을 돌이키니 특별히 가톨릭 내 두 수녀원과 깊이 관계를 맺고 배움을 얻었던 것 같다. 교육사업과 사회봉사 영역에서 자신들의 카리스마로 헌신해온 '성심 수녀회'와 '시튼 수녀회'가 고맙게 떠오른다. 성심 수녀회를 통해서는 수녀님들 신학 공부에 작은 도움을 드리며 수녀님 세계를 알게 되었고, 시튼 수녀회에서는 종교 간 대화모임을 30여 년간 지속하며 개방성과 지속성을 종교성의 새 차원이라 배울 수 있었다. 김승혜 수녀님은 '시튼종교간대화연구원'을 만들어서 종교인들 간의 대화를 이끄셨던 분으로 시튼 수녀원의 어른이시다. 얼마 전까지 전 세계 시튼 수녀회의 책임자로 활동하셨고, 지금은 팔순을 넘긴 연세로 마무리 집필활동을 하고 있다. 2022년 일아 변선환 선생님 종교재판 30년 행사에 고맙게도 시튼 연구원이 공동주관 단체로 참여했다.

수녀님을 잘 모르는 벗들을 위해 짧게나마 그분 삶의 이력을 소개한다. 서강대에서 역사학을 전공했고, 하버드대학에서 종교학으로 학위를 받았으며, 이후 길희성 교수님과 함께 서강대 종교학과를 창설하여 긴 세월 교수로 활동하셨다. 주로 유학을 연구했고, 유교와 기독교의 대화에 관심했으나, 도교에 대한 저서도 몇 권 있다. 지금껏 모두 합하여 수십 권의 크고 작은 저서를 출판하셨다. 정약용을 주제로 썼던 수녀님 논문과 『논어의 그리스도적 이해』(영성생활, 2022)는 내게 많은 통

찰을 선물했다. 지금은 동서양의 신비주의 종교사상을 연구
하고 계신다.

　김승혜 수녀님은 신유학 사조를 바탕으로 기독교 토착화를
주제로 학위논문을 썼던 나를 시튼 연구원 내 종교 간 대화모
임에 초대하셨다. 당시 초대 멤버로는 길희성 교수를 비롯하
여 최근덕 성균관 관장, 양은용 원광대 교수, 승가대학 총장 종
범스님, 광주 가톨릭대학 이제민 신부, 동국대 불교학과 교수
로서 화엄학 전공자였던 해주 스님 등이 있었다. 세월이 흘러
몇몇 분들 이름이 기억나지 않을 만큼 희미해졌다. 이런 종교
인들과 더불어 30대 후반인 필자가 함께 영성을 논하고 삶을
나눌 수 있었던 것은 오롯이 수녀님 덕분이었다.
　우리는 생태, 종교적 수행, 믿음, 선(禪), 악의 문제 등을 주제
로 책을 같이 읽고 긴 시간 토론했다. 의견 차이로 때론 얼굴
을 붉히기도 했지만 서로 배려하며 멋진 마무리를 할 수 있었
다. 이는 학자면서 동시에 수행자의 삶을 사셨던 수녀님의 지

혜와 덕성에 기인한 것이었다. 함께한 시간이 쌓여 업적이 생기면 큰 대회를 열어 세상에 알리는 일도 했다. 이런 결과로 내놓은 책이 『세상에서 가장 아름다운 대화』(운주사, 2010)였다. 이 책 속에 오랜 세월 함께한 대화의 흔적들이 담겨있다. 책 제목 그대로 참 아름다운 책이라 생각한다.

1년에 두 차례씩 하룻밤을 함께하는 세미나도 있었는데 공부도 공부였으나 삶을 섞는 과정에서 배울 바가 많았다. 승가대 총장 스님과 같은 방을 쓰는 일이 자주 있었다. 연세가 높았으나 기상 후 어린아이 몸처럼 유연하게 몸을 푸는 스님을 보며 '삶'과 '론(論)'이 하나 된 모습을 여실히 보았다. 필자가 시튼연구원을 통해 배우게 된 것 중 다른 하나는 '항심 기도'였다. 공주에 있는 수녀원에 학생들을 데려가서 몇 차례 이 기도를 배우도록 했다. 지금도 간혹 이 기도를 드리며 가르쳐주신 실비아 수녀님을 고맙게 기억한다. 당시 필자와 함께 공주에서 기도 훈련하고 수녀님들이 싸주신 김밥을 맛나게 먹었던 학생들 얼굴도 떠올려본다. 개신교 기도원과 다른 가톨릭의 분위기에 많이 놀랐을 것이다.

김승혜 수녀님은 국제세미나에 종종 필자를 초대해주셨다. 미국 보스턴대학에서 열린 유교·기독교 학술대회를 비롯하여 벨기에 루뱅대학 초청으로 6개월간 체류할 기회도 만들어 주셨다. 유교 석학으로서 싱가포르 국가이념을 만들었던 뚜 웨이밍(杜維明, Tu Weiming) 교수를 만난 것도 이때였다. 주신 기회를 뜻있게 활용치 못한 것이 많이 후회스럽다.

제자들이 마련한 수녀님 교수 은퇴 자리에 참여한 적이 있었다. 마침 말할 기회를 얻었기에 수녀님과 지냈던 시간을 추억하며 "그분은 내게 누님 같았다"는 고백(?)을 했다. 불쑥 나온 말이었으나 지금 생각해도 그 말을 잘했다고 생각한다. 그분 역시 동생을 대하는 마음으로 개신교 소장 학자의 삶을 이끌어 주셨기 때문이다.

수녀님과의 인연이 고마워 첫 세대 대화위원들이 물러난 이후에도 다음 세대 종교인들과 이전 세대를 연결 짓는 역할로서 지금껏 시튼연구원을 오가고 있다. 얼마 전 『호모 데우스(Homo Deus)』를 같이 읽고 개별 종교적 시각에서 이 주제를 어찌 수용해야 할지를 토론했고, 결과물을 엮어 단행본을 냈었다. 『호모 데우스, 그것이 호모사피엔스의 미래인가?』(자유문고, 2020)가 바로 그 책이다. 현재 시튼종교간대화모임은 수녀님의 제자로서 불교학 전공자인 최현민 수녀님이 이끌고 있다. 이제 곧 긴 역사를 지닌 이 모임과도 결별해야 할 때가 이를 것이다. 내년 상반기 전국 4~5개 지역에 있는 시튼 수녀원을 찾아 기후 붕괴 시대, 코로나 이후 시대를 맞아 기독교의 생태적 역할과 사명을 주제로 강의할 기회를 갖게 되었다. 지방에 계신 김승혜 수녀님을 뵐 기회가 될 것이다.

거의 30년 가까이 시튼연구원에서 수녀님과 함께했던 시간들, 그 덕분에 만나 배웠던 이웃 종교인들의 삶의 모습들, 이

모든 것이 음으로 양으로 내 삶의 자양분이 되었다. 이런 기
회를 주신 김승혜 수녀님에 대한 기억을 이 순간 또렷하게 되
살려 본다.

이은선 교수님

영성과 담론을 아우른 한국적 페미니스트 신학자

올해로 우리 부부는 결혼 42년을 맞는다. 1981년 10월에 결혼하고, 82년 3월 스위스 바젤대학 신학부로 유학을 떠났으며, 80년대 말 귀국했다. 각자 교수 생활 30년을 지냈고, 정년을 5년 정도 앞두고 명예퇴직도 1년 시차를 두고 함께했다. 지금은 서울과 횡성을 오가며 현장아카데미와 한국신연구소 그리고 일보교회를 꾸려가고 있다.

처음 우리가 만났을 때 나는 칼 야스퍼스(Karl Jaspers)의 실존 철학에 심취했었고, 이은선 교수는 자신을 '프티 헤겔리안(petit Hegelian)'이라 칭하며 샤르뎅(Pierre Teilhard de Chardin) 신부의 우주적 신학에 마음을 빼앗기고 있었다. 이렇듯 신학의 출발 지점이 성장배경과 성격이 변별되듯이 서로 달랐다. 5년여 — 이은선 의 경우 7년 — 유학 기간 중 프리츠 부리 교수 지도하에 박 사 논문을 쓰면서 이런 차이는 절로 좁혀졌고, 지난 30년 세월 은 우리를 신학적 동지로 만들었다. 유학 후 이은선은 세종대 에서 교수로 일하면서 성균관대학교 한국학과에서 8년에 걸 쳐 한국 유교 사상을 주제로 또 다른 박사 논문을 마쳤다. 바 젤대학에서 중국 철학자 왕양명 사상을 다뤘다면 귀국 후 성 대에서 조선 유학, 특별히 페미니스트 시각에서 여성 유학자 를 연구했던 것이다. 신학대학이란 테두리 속에서 글 쓰고 가 르치던 나와 달리 이 과정을 통해서 이은선 교수는 자신의 학 문적 담론을 크고 넓게 확장할 수 있었다. 양명학은 물론 하 곡학(霞谷學) 그리고 퇴계학에 대한 많은 연구업적을 남겼다. 여성주의 시각에서 한국 종교사를 재구성한 작업과 조선 유학사를 유교와 기독교 간 대화의 시각에서 살폈던 2022년 「주간 기독교」 연재물은 이은선 교수의 걸작이다. 서양 철학자 아렌트(Hanna Arendt)를 유교 사상과 견줘 깊이 성찰한 글도 독창적이라 할 것이다.

하지만 이은선 교수를 이 지면에서 언급하는 이유는 상술한 학문적 업적 때문만은 아니다. 여타 여성학자들과 달리 사상적 담론을 만드는 일에 관심했지만, 세상에 대한 우환 의식, 손주들의 교육에 이르기까지 그녀의 의식은 삶의 곳곳에 두루 미쳤다. 세월호 사건이 터졌을 땐 나의 발걸음을 광장으로 내몰았고, 제자들을 비롯하여 어려운 주변 사람들을 잘 살피라고 거듭 권고했으며, 손주들 신앙교육을 위해 여러모로 관심을 기울였다. 간혹 귀찮아 유의미한 동료들 모임에 빠질 생각을 하면 관계를 가볍게 여기는 나를 크게 나무라기도 했다. 이렇듯 집 밖 외부 활동에 있어서는 내가 목사였지만 가정 안에서 영적 역할을 그가 주로 감당했다. 기독교 배타성을 거부하고 절대적 교리체계를 누구보다 급진적으로 비판하지만 매일 아침 기도하고 성서를 읽으며 동양고전을 섭렵하는 일을 지금껏 지속하고 있다. 은퇴 후 우리는 강원도 횡성과 서울로 오가며 주일마다 예배를 드렸다. 간혹 외부 설교가 있을 때를 제외하고 혹은 손님이 찾아와서 함께 예배하는 경우도 있었지만 대부분 둘이서 예배하곤 하였다. 주보를 만들고, 성찬 빵을 굽고, 찬송을 정하는 수고도 언제든 그녀의 몫이었다. 예배를 준비하며 드리는 일을 가장 소중하게 여겼던 까닭이다. 예배 중 택해 읽는 성서는 토론을 통해 뜻을 찾곤 했으나 가능하면 영적 동시성을 추구했다. 분석이나 비판을 앞세우지 않고 말씀이 우리 삶을 읽어 낼 수 있도록 여지를 둔 것이다. 지난 2022년 상당 기간 욥기를 읽으며 조국 교수처럼 억울하게 고통받는 뭇사람을 생각했었는데 올 새해 첫 주부터는 나라의 암울한 현실 앞에서 「예레미아」를 읽자고 이은선 교수가 제안했다. 누구보다 기존 성직 제도의 폐해를 적시했던 여성신학자였지만, 이렇게 그녀는 평생 자신이 주장하던 '성(聖)의 평범성'을 위해 영성적 삶을 살고자 애쓰고 있다.

최근 이은선 교수는 한국신(信)연구소를 세워 신학(神學)에서 신학(信學)에로의 전향을 시도하고 있다. 그의 평생 작업이었던 유교와 기독교 대화의 최종 열매로 드러날 것이다. 오래전 유교 경전에서 찾았던 성(聖), 성(性), 성(誠) 이 세 개념을 갖고서 그녀는 종교, 정치, 교육을 통섭코자 했고, 이어 한국 신학(信學)의 심(心)층 구조를 밝힌 최근의 일신삼리(一信三理)의 논거, 즉 생리(生理), 진리(眞理), 실리(實理)를 통해서 기독교를 재구성코자 하였다. 향후 3개의 '성'과 3개의 '리'가 하나의 '신(信)'으로 엮어져 멋진 '신학(信學)'의 모습을 드러낼 것이라 기대한다. 이런 개념 쌍들은 한순간 터져 나온 것이 아니라 유교 경전과 성서를 붙들고 끈질기게 사유했던 결과였다. 이 작업은 인습적 신학 담론과 결별할 때 가능할 수 있을 것이다. 앞으로도 자신의 신학 담론을 위해 기존 기독교와의 갈등은 피할 수 없을 것이다.

이렇듯 한편에선 영적인 삶을 추구하며 다른 한편으로 거대한 신학 작업을 시도하는 이은선 교수의 지속적인 노력을 응원하며 지지할 수밖에 없다. 이런 연구를 위해 정년을 5년이나 앞두고 명예퇴직했던 까닭이다. 이은선 교수의 성격과 의지를 생각할 때 반드시 구체적인 결과에 이를 것이다. 나 역시도 나름 얼개를 갖고 독자적인 신학 체계를 세우고자 했지만, 아직 이은선 교수처럼 명확한 개념을 찾지 못했다. 단지 종래의 '존재 유비(가톨릭)', '신앙 유비(개신교)'와 변별되는 '역사 유비'의 다른 기독교 신학을 상상, 추론하고 있다. 이후 우리 신학 작업이 상호 어떻게 교차할 수 있을지 모르겠으나 반드시 수렴점이 있을 것이다.

지금 이은선 교수의 최대 고민은 바쁜 부모들에게서 태어난 다섯 명 손주의 양육 문제에 있다. 충분히 집에서 양육되지 못한 채 밖으로 내몰릴 수밖에 없는 어린아이들, 그 본래의 심성을 유지, 성장시킬 수 있을지를 페스탈로치를 연구한 학자로서 염려하는 중이다. 이처럼 자신의 학문뿐 아니라 여성 그리고 후손들 교육까지 염려하는 그녀의 세밀한 생각을 따라갈 수 없다. 그럴수록 모든 것을 아우르려 힘쓰는 이은선 교수에게서 거듭 많은 것을 배운다. 나 또한 그리되고자 애쓸 뿐이다. 벌써 20여 년 전 강원도 횡성에서 꿈꿨던 일들이 아직 미진하여 부끄럽다. 공적 공간으로 의미 있게 사용될 수 있도록 함께 기도하며 생각을 모으고 있다.

4

신학의 지평을
넓혀주신
선생님들

윤병상 교수님

충연(充然)이란 호를 주신 기독교 역사학자

　선생님은 평생 연세대 교목실에서 연세대학을 위해 일하셨다. 감신대 출신이었으나 긴 세월 그곳에서 교목으로 활동하신 것이다. 그렇기에 그분에게 교수님 호칭도 낯설지 않다. 내가 그분을 선생님으로 부르는 가장 큰 이유는 30년 전 종교재판 때 선배 변선환 학장의 출교를 앞두고 소위 '교리수호대책위'와 전면에서 맞서 싸웠기 때문이다. 다수의 신학자, 심지어 종교의 다원성을 주장하는 학자 중에서도 "내 생각은 그(변선환)와 다르다"며 거리를 두고자 했을 때 선생님은 대책위를 꾸려 교회 곳곳을 다니시며 종교재판의 부당성을 알리셨다. 교리수호대책위 소속 학자들과 공개토론도 피하지 않으셨다. 당시 선생님이 활동한 자료가 없었다면 30주년을 맞은 2022년에 백서를 달리 만들 생각을 못했을 것이다. 그 시절 교수 초년생이었던 나는 무력감에 빠져 있었으나 선생님의 앞선 행동을 좇아 마음을 움직일 수 있었다. 그때의 고마움과 감사를 잊지 않고 있다. 종교재판 30주년 행사에도 편찮으신 몸으로 격려사를 써 주셨다.

이후 선생님과의 인연은 연세대학교 구석방에서 매주 한 번씩 모이는 연서회를 통해서였다. 당시 선생님은 연서회에 이름난 서예가를 모셔서 운영하고 있었다. 3년 가까운 세월 동안 비록 '해서(楷書)'도 옳게 쓰지 못했으나 서예에 관심을 키울 수가 있었다. 붓글씨를 배우면서 느껴 깨친 바는 다음과 같다.

붓글씨 쓰는 법은 누구나 한 시간 정도면 배울 수 있다. 하지만 정작 붓을 들어 획 하나를 옳게 쓰려면 숱한 세월이 요구될 수밖에 없다. 그동안 나의 신학 공부도 붓글씨 쓰는 법에 머물렀다는 성찰에 이른 것이다. 붓을 들지만 획 한 자도 제대로 긋지 못하는 것이 내 신학적 실존을 닮았었다. 이후 쓰는 법을 배우는 차원을 넘어 신학 그 자체를 온전히 몸으로 체화시키고자 애쓰며 살았다. 이 과정을 지켜보며 윤병상 목사님은 이은선 교수와 내게 호를 지어주셨다. 간혹 사용하는 '충연(充然)'이란 호가 그것이다. '하늘 은총이 가득 찼다'란 뜻이라 하셨는데 과분하기 이를 데 없다.

노무현 정권 시절 선생님과 평양에 함께 갔던 소중한 추억이 남아있다. 대학교수 평양 방문단 일원으로였다. 노정선 교수님 부부, 한인철 교수, 그리고 미국서 잠시 귀국했던 정기열 박사도 함께했다. 그때 북한 비행기가 김포로 날아와서 우리 일행을 평양으로 데려갔고, 돌아오는 길도 김포까지 그들 비행기 신세를 졌다. 며칠 머무는 동안 북쪽 현실에 대해 조금씩 새로운 눈을 뜰 수 있었다. 직접 대면한 북한 사람들로부터 이전과 다른 새로운 느낌도 얻었다. 그들의 사랑 노래(심장에 박힌 사랑)를 배워 그들 앞에서 정기열 선생과 함께 듀엣으로 불렀던 기억도 있다. 그때 경험이 최근 다시 살아나 통일을 주제로 글을 쓸 때 큰 도움이 되는 바, 감사한 일이다.

오래전 은퇴를 앞둔 선생님은 당신이 모은 책을 역사를 전공하는 감신 후배에게 선물로 주고 싶어 하셨다. 수소문 끝에 지금 군목으로 복무하는 조길현 대학원생을 소개하여 선생님 책을 전달받게 했다. 그는 선생님 책 모두를 소장한 제자가 되었다. 학자에게 있어 책은 생명과 같은 것인 바, 그분 책을 받은 제자의 삶 또한 절대 가볍지 않을 것이라 믿는다.

선생님은 역사신학자, 목사로서뿐 아니라 서예가, 다도가로서의 명성도 떨치셨다. 다도는 각지 사찰에 계신 스님들로부터 배운 것이라 들었다. 서예 및 사진 전시회를 열 정도로 예술적 소양도 뛰어났다. 이론만이 아니라 감리교 특유의 문화 신학자의 삶을 온전히 살아내셨다. 나는 그분 삶을 멀리서 지켜만 보았지 성큼 다가서지 못했다. 여전히 이론에 빠진 삶을 살았던 까닭이겠다. 머리뿐 아니라 몸으로 깨쳐 아는 것이 많았기에 일단 그분과 대화를 시작하면 끝이 없었다. 하여 선생님과의 대화를 꺼리는 이들도 더러 있었지만, 선생님 말씀에 알갱이가 없지 않았기에 나는 즐겨 경청했다. 함께 식사하면서 거의 두 시간 동안 먹지 못한 채 말씀만 듣던 기억도 있다.

선생님은 연서회 멤버들과 누차 중국 여행을 즐기셨다. 주로 중국 사상 발원지를 찾는 여행이었다. 내게도 함께할 기회가 여러 번 주어졌으나 거듭 실기하고 말았다. 이은선 교수가 여행에 동참하여 선생님과 함께한 여행경험을 공유하고 있으니 그나마 다행스럽다. 당시 연서회를 통해 한국 최고의 퇴계학자 이광호 교수님을 만난 것을 고맙게 생각한다. 그 인연이 지금 이은선 교수를 통해 이어지고 있으니 삶은 신비라 말할 수밖에 없다.

내색하지 않으셨으나 선생님은 나의 이른 명예퇴직을 많이 아쉬워하셨다. 모교 감신에서 감당할 일이 아직 많다고 여기셨던 까닭이다. 강당을 가득 메운 퇴임식 날 선생님은 축도를 하시면서 그런 감정을 표현하셨다. 기대를 크게 하셨는데 응하지 못해 많이 송구했다. 이후 몇 년간 소식 전하지 못하다가 종교재판 30년 행사를 앞두고 용기 내어 다시 연락드렸다. 선생님의 증언이 뒷받침되어야 과거를 옳게 소환할 수 있었기 때문이다. 종교재판 30년 행사에 맞는 멋진 축사를 써 주셨기에 본 행사가 수월하게 진행될 수 있었다. 올 신년 초에도 선생님께 문안 인사를 드렸다. 지난 세월 선생님과의 인연을 많이 감사하면서….

선생님은 최근 바깥출입을 못 하신다. 위중한 병을 얻어 어

려운 고비를 겪으신 까닭이다. 그래도 청아한 목소리를 잃지
않으셨고 유머 감각도 여전하시다. 따뜻한 봄날 모셔서 식사
한 끼 대접해야 할 것인데 기회를 보고 있다.

민영진 교수님

차이를 품은 성서신학자

민영진 선생님에 대한 기억이 희미해지기 전에 밝혀야 할 것이 적지 않다. 선생님과는 학창 시절에는 인연이 그리 많지 않았다. 대학 재학 중 신앙 문제로 고민이 컸고, 주로 조직신학적 사유에 전념했었기에 구약을 가르쳤던 민영진 선생님과 만날 기회가 적었기 때문이다. 아주 젊고 멋진 선생님으로부터 구약 강의를 들었었다는 기억만 남아있다. 그렇지만 선생님은 당시 내가 구약신학자 폰 라트(Gerhard Von Rad)에 관한 리포트를 제법 잘 썼다고 기억하시니 황송할 뿐이다. 1986년 모교에 교수로 부임한 후 채 2년도 지나지 않아 선생님은 대한성서공회 총무를 맡아 학교를 떠나셨다. 이런 연유로 재학, 재직 중에 감신대라는 울타리 안에서 선생님과 충분히 만날 기회가 없었다.

교수로 부임한 지 얼마 되지 않아 나를 부끄럽게 한 사건이 발생했다. 교수 초년 시절 독일어로 논문을 쓰고 막 귀국했기에 우리말 사용에 있어 어려움과 제약이 있었던 것 같다. 우선 문장이 길었고, 번역체가 많았으며, 외국어 영향 탓에 수동적 표현이 문장 속에 빈번하게 사용되었다. 이런 글쓰기가 어느 사람에겐가 거슬렸던 모양이었다. 어느 날 그 누군가로부터 긴 편지를 받았다. 민영진 교수님과 이현주 목사님의 글을 복사해서 동봉한 편지는 "글은 이분들처럼 써야 한다"는 우정 어린 충고였다. 두 분 선생님 글을 읽어보니 글이 매끄럽고 간

단명료했으며 수려했다. 하여 익명의 편지에 대해 화가 나기보다 깊이 감사해야만 했다. 그 이후로 글쓰기에 대해 신경을 써서 오늘에 이르렀다. 지금도 발신인이 누군지 알고 싶고, 밥한번 크게 사고 싶은 마음이지만 누구라 말하지 않으니 가슴에 담아둘 뿐이다. 여하튼 이렇게 글을 잘 쓰시니 성서공회에서 성서번역 책임자로 모신 것이란 생각이 들었다.

교수 생활하면서 어렴풋이 느낀 것은 대다수 선생들이 학교 밖의 세상과 접촉 없이 살고 있다는 점이었다. 집과 학교 그리고 교회를 맴도는 생활이 전부였다. 하지만 유독 변선환 선생님과 민영진 선생님 두 분만이 이 틀을 깨고 각기 영역은 달랐지만 교회 밖의 세상과 많이 접촉하며 지내셨다고 기억한다. 나는 이점이 좋았고 배울 바라 여겼다. 세상과 접촉 없는 우물안 개구리가 되었기에 권력욕이 생겼다고 판단했기 때문이다.

얼마 전 한국기독교교회협의회(NCCK)에서 1988년도에 발표한 통일선언문을 검토한 적이 있었다. 노태우 정권 시절 정치적 암흑시기에 아홉 분의 신학자들이 모여 소위 '88선언'을 작성했었는데 이것이 노태우 정부 시절 통일정책에 큰 영향을 미쳤기 때문이다. 아홉 분 중 다수가 장로교 신학자였고, 민영진 선생님이 유일하게 감리교 신학자로서 함께 이름을 올리셨다. 만약 선생님이 아니 계셨더라면 당시 감리교가 얼마나 초라해졌을 것이며 창피하였을까를 생각해 보았다. '88선언'을 신학적으로 조명, 평가하는 어느 글에서 나는 이를 기초한 아홉 분의 신학자들을 기미년 독립 선언자 33명의 반열에 세우자고 주창했었다. 하지만 여성 통일신학자인 고 박순경 선생님의 이름이 빠진 이유가 아직도 궁금증이 많다. 한국의 대표적인 여성 통일신학자와 함께 작업하지 못한 이유가 무엇이었을까?

이처럼 선생님과의 만남은 주로 대학 밖에서였다. 고 장기천 감독께서 세운 '미래교회연구소'에서 선생님과 자주 만났었다. 장기천 목사님은 민영진 선생님께 많은 것을 자문하셨고, 선생님은 실제로 이 모임을 이끌어가셨다. 대략 5~6년 세월 동안 교회 미래를 생각하며 준비할 과제를 앞서 고민했던 것 같다. 상당히 진보적 주제를 갖고 토론하면서 교회가 맞닥뜨릴 미래를 염려했다. 여러 차례 이곳에서 강연했던 것 같다.

장기천 감독님과의 이런 인연으로 선생님은 그분 사후 장례식장은 물론 몇 차례 추도 예배에 참석하셨다. 1주기 추모예배를 연세대 신학관 채플에서 정성껏 준비했던 바, 그 예식이 선생님 마음에도 흡족하셨던 것 같다. 그 자리에서 농담 삼아 하신 말씀을 잊지 못한다. "추모예배를 이렇게 멋지고 의미 있게 드릴 수 있다면 나도 빨리 죽고 싶다"고. 슬픈 순간에도 선생님은 이처럼 유머로 유족을 위로했고 준비한 사람들을 격려해주셨다.

학교 문제로 대학을 조기 은퇴했을 때도 선생님 내외분은 따뜻한 밥 한 끼를 대접하며 위로와 격려를 아끼지 않으셨다. 스스로 결정한 일이었으나 대학을 떠난 직후 헛헛했던 마음을 다잡아 주신 것이다. 이런 것이 선생의 역할인 것을 배워 알 수 있었다. 선생님 내외분 결혼 50년 축하 자리에 초대받은 것도 아름다운 추억거리이다. 시인이기도 한 선생님은 아름다운 글로 사모님의 마음을 움직이셨다. 목사가 된 두 아들이 준비한 아름다운 금혼식이었다. 2023년 신년 초에 김명현 사모님이 팔순 생신을 맞았던 모양이다. 이번에도 선생님은 페이스북에 멋진 시로 사모님 생신을 축하하셨다. 몇 년 전 선생님 내외분이 맞았던 50주년 금혼식을 생각하며 두 분처럼 앞으로 더 잘 살아야겠다고 다짐한다.

김명현 사모님과 이은선 교수가 가까이 지내고 있으며, 대를 이어 성서신학자가 된 민경식 교수 또한 문화신학회에서 같이 활동했던 적이 있으니 선생님과의 관계가 대를 이어 이어지고 있다. 지난해 10월 나의 아들 이경성이 연출한 연극

「섬 이야기」 관람을 위해 분당 끝자락에서 버스 타고 대학로로 발길을 해주셨다. 십여 년 전 중앙대학교 노천극장에서 공연한 연극(산초의 꿈)도 보러 오셨으니 선생님의 마음 쓰심이 고맙고 감사할 뿐이다. 변선환 선생님 종교재판 30년 행사에도 성서학자로서 유익한 격려사를 써 주셨다. 신학적 차이를 품고 행하신 일에 감사한 마음으로 머리를 숙인다.

오재식 박사님

삶의 아픈 현장을 '꽃'으로 여겼던 기독교 실천가

　내 삶의 후반부에 이르러 늦게 만났으나 내게 큰 힘을 주신 선생님들을 기억하고 싶다. 늦가을이 되니 그 어른들이 더욱 그립다. 내 지인들은 오재식(1933~2013) 선생님이 낯설 수도 있을 것이다. 신학자도 목회자도 더욱이 감리교인도 아니었기 때문이다. 혹시 월드비전 회장이란 직책으로 그분을 기억하는 분들이 있을 듯싶다.

매해 11월 13일은 전태일 열사를 기억하는 날이다. 이날이 되면 나는 오재식 선생님을 함께 떠올려왔다. '전태일의 죽음을 예수의 죽음과 같다'고 선포한 최초의 기독교인이었기 때문이다. 전태일 영전에 바친 선생님의 글「어떤 예수의 죽음」을 많은 사람이 읽었으면 좋겠다 싶다. 이 일로 인해 그분은 긴 세월 한반도 땅 밖에서 디아스포라의 삶을 살아야 했다. 이 땅에서 추방되었던 까닭이다. 이후 일본에서의 삶이 고국에서의 삶보다 더 길었으니 그 삶이 얼마나 고단했을지를 가늠할 수 있다.

평소 선생님을 모르지 않았으나 그분과 인격적으로 대면한 것은 내 나이 50줄이 넘어선 인생 후반 때부터였다. 지금껏 관계해온 평신도 중심 교회인 겨자씨교회에서 처음 뵈었다. 당시 선생님은 경동교회, 낙산교회를 거쳐 평신도가 중심이 되는 새로운 형태의 교회를 실험하고자 하셨다. 30여 명의 교우들과 시작한 그 교회에서 우연히 설교를 하게 된 것이 선생님과의 인연의 시작이었다.

선생님은 서울대 종교학과 졸업 후 미국 예일대학에서 신학을 공부했으나 목회 길로 들어서지 않고 사회활동가의 삶을 사셨다. 그에게 붙은 별명이 '일을 만드는 자' 혹은 '일을 일으키는 사람'일 정도로 선생님은 사회운동의 조직가로 사셨다. 오바마 대통령에게 영향을 주었던 러시아 출신 유대인 급진주의자 사울 데이비드 알렌스키(Saul David Alenski)의 영향 때문이었다. 이후 선생님은 그의 스승처럼 기독교 사회운동의 실천가로 사셨다. 이하에선 남에게 들었던 이야기는 생략하고 선생님과 직접 경험한 내용만을 기억하여 쓸 생각이다. 직접 경험한 것만 말해도 할 말, 쓰고 싶은 글이 적지 않기 때문이다.

기독교 통일 및 사회운동의 대부셨던 선생님은 주일 아침마다 예배당 맨 앞줄에 앉아 계셨다. 언제든 설교를 메모할 준비를 하신 채 말이다. 그런 선생님 앞에서 말씀 전하는 일이 쉽지 않았으나 그만큼 더 열심을 낼 수 있었기에 그것이 내겐 복이 었다. 이곳에서 전한 내용들이 묶어져 세 권의 책이 되었으니 말이다. 맨 앞줄에서 정성껏 예배에 임하셨던 선생님의 눈길 이 지금도 느껴진다. 애당초 겨자씨교회에서 길게 설교할 생 각을 하지 않았다. 몇 달 정도로 생각했던 것이 지금까지 10 여 년의 인연으로 확장된 것이다. 이후 교우들에게 들은 것은 선생님이 나를 "붙잡으라" 말씀하셨다는 것이다. 그렇게 나는 선생님의 사랑을 듬뿍 받았다.

팔순을 기념하는 선생님의 자서전 『내게 꽃으로 다가온 현 장』(대한기독교서회, 2012) 출판식 자리에서 서평을 맡았다. 선생님 과 동고동락했던 안재웅 목사님의 권유가 있었기 때문이다. 이 책을 읽으며 선생님 삶의 발자취를 빠짐없이 알게 되었다. 일생을 대학, 교회가 아니라 고단한 삶의 현장에 머물렀음에 도 그곳을 한 송이 꽃으로 여겼던 선생님, 이 말 한마디 앞에 서 나는 거꾸러질 수밖에 없었다. 가톨릭 신학자 이반 일리치

(Ivan Illich)가 성육신을 일컬어 "초월을 초월한 것"이란 말을 남겼듯이 삶의 현장인 이 땅을 꽃이라 여기며 사셨다. 한마디로 '성육신' 교리를 이 땅을 사랑하는 일로 해석하셨다. 바로 이 말 속에 선생님이 생각했던 기독교 신앙 진수가 담겨있다. 하여 성탄절을 맞을 때마다 지인들에게 이 책을 꼭 손에 넣고 읽기를 권해왔다.

선생님 자서전 속 끝 무렵에 사랑하는 아내 노옥신 사모님에 관한 이야기가 나온다. 함께 사는 사람 덕에 여성신학적 감수성을 남들보다 조금 더 갖고 있었기에 서평에서 이 부분을 매우 중요하게 다뤘다. 고등학교 시절 만나서 연애했고, 남해 추자도 출신 사람과의 결혼을 반대하는 부모 뜻 어기고 결혼에 이르는 과정, 일본서 살면서 뭇 손님을 치러야 했던 사모님의 수고에 관한 아프면서 아름다운 이야기들이 한가득 담겨있다. 이분들이 만났던 당대 사람들 면모를 알면 더욱 놀라울 수 있다. 한 사람의 삶 속에 민족 현대사가 농축된 것도 책을 통해서 알게 된다. 지명관 선생 1주기 추모집이 2023년 년 초에 발간되었다. 『TK생 지명관, 아시아로부터의 통신』(동연, 2023)이 바로 그 책이다. 주지하듯 지명관 선생에게 이 땅의 정치적 폭정을 전달하신 분이 바로 오재식 선생이었고, 그 정보를 세계에 펼치신 분이 지명관 교수였다. 오재식 선생님이 없었다면 지명관 선생도 알려지지 않았을 것이다. 선생님 사후 댁을 찾아가 사모님이 손수 찾아 보여주신 옛적 연애편지도 읽을 수 있었다. 편지가 지금껏 두어 상자 한가득 보관되어 있다. 언젠가 누구의 수고로 책으로 편찬되기를 염원한다. 아주 멋진 사랑의 책이 될 것이다.

앞선 글에서도 말한 바 있지만 NCCK가 선포한 '88선언'은 3.1 독립선언에 비견될 만큼 중요한 것이었다. 삼엄했던 시절 신학자 아홉 명이 위험 무릅쓰고 이 작업을 완수했다. 상상컨대 그 과정에서 무수한 일들이 벌어졌을 것이다. 이 모든 것을 보듬어 일을 만들어 성사시킨 분이 바로 평신도 오재식 박사였다는 말이 모두의 입에서 증언되었다. 앞선 별명처럼 그렇게 선생님은 사건을 일으키고 만드는 자로 살았다.

어느 날 선생님의 췌장암 발병 소식을 들었다. 건강하셨고 식사도 잘하셨는데 가족은 물론 교우들 모두에게 청천벽력의 사건이었다. 교계뿐 아니라 겨자씨 공동체에도 큰 기둥이셨기 때문이다. 병상에서 몇 번 뵈었던 선생님은 마지막 순간까지 의연하셨다. 흐트러진 모습을 조금도 보이지 않았다. 서울대병원 암 전문 의사를 통해 자기의 몸 상황을 객관적으로 파악하고 사전 대처하신 것이다. NCCK 주관 장례식을 마친 후 하관식 집례하러 장지에 갔었다. 참으로 많은 사람이, 사회적으로 알려진 수많은 사람이 그곳까지 들러준 것이 놀라웠다. 그만큼 삶의 향기를 많이 뿌린 결과였을 것이다. 1주기 추모예배를 겨자씨교회에서 드렸다. 얼마 전 작고하신 서광선 교수님이 선생님에 대해 추모사를 읽으셨고, 노옥신 사모님의 시각에서 이은선 교수 또한 추모의 글을 발표했다. 작은 자리였지만 선생님이 예배하던 마지막 공간에서 마음을 다해 추모, 애도할 수 있어서 기뻤다. 선생님 사후 교회가 여러 이유로 약해진 모습에 가슴이 아프다. 좋고 아름답고 자랑스러웠던 공동체였는데 말이다. 지금까지 선생님 자녀들과 가끔 연락을 취하며 지내고 있다. 홀로 계신 사모님을 자주 못 뵈니 죄송할 뿐이다. 지난 1월 둘째 주일에 선생님 10주기 추모예배를 안재웅 목사님을 모시고 소박하게 드렸다.

'현장'을 '꽃'이라 부르며 현장 속에서 자신의 모든 것을 쏟아 사셨던 선생님, 전태일의 죽음을 예수의 죽음이라 여겼듯이 선생님 삶은 예수의 그것과 닮았다. 늦게 만났으나 내 삶을 현장으로 떠밀고 있기에 그분 역시 내게 영원한 선생님이시다.

이석영 교수님

마르크스의 이상을 품고 사는 영원한 청년

　팔순 중반에 이른 선생님은 전북대 농과대학 교수로 은퇴하셨다. 대충 알기로 농화학 분야를 평생 전공영역으로 삼고 실천하며 사셨던 분이다. 사는 지역도 학문 영역도 교파도 많이 달랐던 선생님을 만나게 된 것은 오로지 '기독자교수협의회'와의 인연 때문이었다. 지금은 유명무실해졌지만 2~30년 전만 해도 기독자 교수들 모임은 대단한 힘을 지니고 있었다. 안병무, 서광선 등 신학자를 비롯하여 이문영, 이만열, 김용준 교수 등 비성직자 집단의 지성인들도 상당수 모여 있었다. 안병무 선생 권유로 이석영 선생님도 뒤늦게 이 모임에 합류하셨고, 이후 그 정신을 잇고자 많은 애를 쓰셨다. 선생님 이후 노정선, 김성은 그리고 이정배, 이은선, 채수일, 권진관 교수를 거쳐 지금은 성공회대 소속 김은규 교수가 본회 회장으로 활동 중이다. 코로나 발생 전까지 '열린 포럼'을 통해 기독교 지성을 위한 다차원의 강연을 열어왔다.

선생님 스스로는 "기독자 교수회를 알고부터 세상에 눈을 떴고 신학의 맛을 알았다"고 말씀했으나 사실 선생님의 삶은 훨씬 이전부터 빛나 있었다. 광주 5.18 혁명 이후 수많은 시민을 돌봤고, 자신도 옥중생활을 했었기에 대학에서 쫓겨나 해직 교수로 상당 기간 어렵게 지내야 했다. 그 시간을 이용하여 한신대에서 신학 공부를 하셨고, 교회 전도사로 일한 경험도 있다. 지금도 가정예배를 드리며 선생님이 직접 설교하신다 들었다. 김대중 대통령 시절, 의문사 조사위원으로 활동하시며 5.18 희생자들을 발굴하여 역사에 그 면모를 밝혀낸 것을 가장 값진 일로 여기신다.

선생님은 감옥에서의 고문 탓에 많은 후유증을 견디며 살고 계신다. 우선 잘 걷지를 못하신다. 정신적 고통이 얼마나 많았는지 간혹 뚝뚝 던지시는 말에서, 더 많은 경우 그분의 긴 침묵을 통해 가늠할 뿐이다. 그보다 한층 더 선생님을 아프게 한 것은 가족과 자녀들이 받은 상처였다. 자기의 삶이 자녀들에게 영향 미친 것을 많이 미안해하셨다. 그도 그럴 것이 선생님은 자신의 교수봉급을 집안으로 들여놓은 적이 없었다 말씀하셨다. 간호사였던 사모님이 홀로 집안을 꾸려갔던 것이다. 간혹 전화 통화 때 사모님 호통 소리가 들리곤 했다. 선생님은 그 호통이 참 듣기 좋다고 웃으며 말씀한다. 지난 시절 동안 매우 미안하셨기 때문일 것이다.

전주 외곽에 마련한 선생님 댁을 방문한 적이 있다. 집 전체를 울타리치고 온갖 가축을 방목하여 키우시고 계셨다. 당나귀까지 그곳에서 길렀다. 시내 음식점에서 손수 음식 찌꺼기를 수레로 운반하여 가축들 먹거리로 삼는다고 했다. 자연 상태이긴 했으나 쉽게 적응하거나, 이해하기 쉽지 않은 환경이었다. 정상적인 도시인들에게 그것은 지저분함, 곧 혼돈처럼 보였을 것이다. 하지만 그것이 선생님의 철학이었고 삶의 기본자세였다. 그런 삶을 지켜보면서 동반자가 되신 사모님의 큰 소리(?)를 선생님은 앞으로 더 많이 들으셔야 할 것 같다. 인근에 사는 나의 누님도 이런 선생님의 삶을 기행처럼 여기고 있으니 말이다.

선생님은 지금도 매일 아침 일찍 기상하여 책을 읽곤 하신다. 특별히 독일어로 된 책 읽기를 아주 좋아하셨다. 고등학교 시절 배운 독일어의 끈을 지금껏 놓지 않은 결과였다. 수년 전 독일에 있던 추용남 목사의 도움 받아 마르크스 전집 50권을 구해 드렸는데 지금껏 열심히 읽고 계신다. 성서를 마르크스 이론으로 주석했으면 좋겠다는 마음을 품고서 말이다. 서툰 발음으로 마르크스 개념을 종종 말씀하시곤 한다.

　선생님은 내게 수없이 많은 책과 자료들을 보내 주셨다. 본인이 감동했던 서적을 비롯하여 한겨레신문 서평에 소개된 멋진 책들을 선정하여 시도 때도 없이 보내셨다. 얼마나 많은 책을 받았는지 셈할 수 없을 정도다. 생태학, 해방 전후사, 자연사 관련 책들이 대부분이다. 최근에는 '기독교와 전쟁이 미국을 떠받치는 이념적 두 기둥'이란 내용을 담은 책도 보내셨다. 이외에도 희귀본을 복사하여 보내 주신 적도 수차례였다. 내가 주관하여 현장아카데미에서 펴낸 책 『한국전쟁 70년과 이후 교회』(모시는 사람들, 2020)를 사서 선생님 주변 사람들에게 나눠 주시기도 했다. 이렇게 책을 통해 선생님과의 관계가 지속되고 있으니 내겐 큰 은총이다.

지금도 한 달에 최소 한 번씩은 뵙는다. 용산역 인근 허름한 고서점에서 선생님의 말벗인 김창락 선생님과 언제든 함께 말이다. 서울 어느 곳에서 역사, 특별히 통일운동사를 공부하는 모임에 참석한 후 전주행 열차에 승차하기 전 몇 시간 동안 뵙곤 하였다. 그를 위해 격주로 서울에 올라오셨고, 그때마다 가능하면 뵙고자 했다. 김창락 선생님이 그렇듯이 헌책방에서 맨손으로 그냥 돌아가시는 법이 없었다. 무슨 책이라도 손에 넣고 기쁜 마음으로 돌아가신다. 그를 지켜보는 젊은 책방 사장 얼굴도 늘 밝았다.

이 순간에도 충청도 사투리로 "나 이석영이유, 보고 싶어유" 하는 선생님 전화 목소리가 귀에 들리는 듯하다. 선생님은 충북 영동지역 어느 산골 마을에서 조부가 목사로 일했던 교회 사택에서 태어나 지역 고등학교를 졸업하셨다. 그렇기에 기독교인 됨의 자부심이 대단하시다. 연세 높은 선생님의 전화를 받을 때마다 마음에 울림이 큰 것도 이런 연유에서였다. 이렇게 마음을 주신 선생님이 있다는 것이, 늦은 나이에 만나 마음을 나눌 수 있게 된 선생님이 있다는 사실에 감사할 뿐이다.

선생님은 전북 및 전주 지역에서 '큰 어른'으로 인정받으며 지내신다. 어렵고 힘든 지역 노동자들이 선생님을 기대 살며 행동하고 있다. 우보천리(牛步千里)란 말이 선생님에게 잘 어울린다. 느릿한 걸음으로 아픈 역사 현장 곳곳을 찾아다니는 까닭이다. 그런 선생님에게 어느 시인은 '산속의 돌부처'란 시를 지어 바쳤다. 어떤 상황에서도 한마음을 품고 사셨기 때문이다.

그런 선생님이 내게 기대하고 바라는 것이 없지 않다. 민족 통일을 위해 더 열심히 살라는 것이었다. 더욱 생태적 삶을 살아내라고도 하셨다. 횡성에서 꿈꾸는 일에도 지대한 관심을 보이시며 나무 한 그루도 함부로 절단하지 말라고 신신당부하신다. 그것을 알면서도 무심코 지내는 마음이 편치 않다. 선생님 덕분에 은퇴 이후 틀에 고정되지 않고 폭을 넓혀 살게 되었으니 고맙고 감사할 뿐이다. 민족의 미래를 이전보다 더 걱정하며 살게 될 것이다.

산을 사랑하다 산이 되신 분

고인이 되신 최완택(1943~2019) 목사님을 살아생전 선생이라
부른 적은 없었다. 사석에서는 형님이라 불렀고, 공적 자리에
선 목사님이면 충분했다. 그런 목사님을 처음으로 선생님이
라 일컬어본다. 그분과 고교 동기동창이었던 고 박준영 선생
님이 나의 중학생 시절 담임교사이었으니 당연히 그럴 수 있
을 것이다.

최완택 목사님을 생각하면 떠오르는 이미지들 몇 개가 있다. 우선 친필로 눌러쓴 대략 20여 쪽의 민들레 주보, 한국교회 환경운동의 대부, 동료들과의 목요산행 그리고 이현주 목사님과의 우정 등이 그것이다. 동화작가 권정생 선생이 가장 신뢰했던 분으로도 유명하다. 그분 호는 이현주 목사가 지었다는 북산(北山)이다. 북산에 대한 나의 글이 그분 사후 1주기 추모 글 모음집 『북산을 걷다』(명작, 2020)에 실려 있다.

내가 최완택 목사님을 처음 뵌 것은 감신대 신입생 시절이었다. 고교 후배가 남들이 가지 않는 신학교, 더구나 장로교 미션스쿨 출신임에도 감리교신학대학에 온 것을 축하받는 자리가 있었다. 고교 선배 중에서 최완택 목사님은 최고 선배였다. 몇 해에 걸쳐 해마다 대광고교에서는 두 명씩 감신대에 신입생이 입학하곤 했었다. 1974년에도 나와 이필완이 그 대학의 신입생이 되었다. 재학 중 목사님을 모시고 정기적으로 동문 모임을 갖곤 했다. 서서히 느꼈던 것이지만 거기서 두 종류의 흐름을 보았다. 소위 교회 위주의 사고를 하는 주류파와 세상 걱정으로 신앙의 외연 확장에 관심을 둔 비주류파가 존재했던 것이다. 최 목사님은 후자에 속했던 분으로 우리의 좁은 의식을 일깨우고자 노력하셨다. 당시 같이 모였던 동문 중에서 대형교회 부흥목사를 비롯하여 감리교 감독이나 총장 등이 나왔지만, 최 목사님의 길은 처음부터 그들과는 달랐다. 신입생 시절부터 최완택 목사님을 좋아했으니 나의 비주류, 변방 의식 또한 일정 부분 그 시절에 형성되었을 것으로 짐작된다. 물론 상대적이겠지만…. 이런 최완택 목사님을 많이 사랑했던 최종진 선배는 농민 운동가의 삶을 옹골차게 살다 병을 얻어 일찍 세상을 떠났다. 어느 쪽 방향의 사람들이 하느님 마음에 더 합당할지는 모를 일이다. 아마도 복음서 팔복에서 답을 찾을 수 있을 듯싶다.

유학 후 귀국하니 목사님은 한국공해문제연구소(환경운동연합의 전신)를 이끌고 계셨고, 주일이면 민들레교회에서 예배를 인도하셨다. 자연스레 이 두 곳으로 나의 발길이 자주 옮겨졌다. 당시 신학대학 강단에서 낯선 생태신학을 가르치기 시작했기에 더욱 그랬을 것이다. 이렇듯 생태신학을 매개로 목사님과 나와의 인연은 깊어졌다. 목사님은 연구소와 교회에서 강연할 기회를 자주 만들어 주었고 때론 격려를, 어느 경우는 당신 성에 안 찼던지 꾸지람도 하셨다. 교회 밖 환경운동가들에게 꿀리지(?) 않는 학자가 될 것을 바랐던 것이다.

많은 이들이 기억하겠으나 그때 민들레교회는 장안의 화제였다. 20여 쪽을 손수 자필로 써서 메운 주보를 민들레 홀씨처럼 곳곳으로 날렸기 때문이었다. 당신 설교를 비롯하여 이현주 목사님의 시, 곳곳에 퍼져있는 민들레 식구들의 삶의 동향을 담아냈다. 수차례에 걸친 나의 신학 강좌도 목사님 수고로 그곳에 실리곤 했다. 목사님의 주보 만들기는 한마디로 수행의 과정이었다. 그렇게 길고 많은 글을 쓰고 옮기면서 글의 첫 문장과 마지막 문장의 글씨체가 조금도 달라지지 않았던 까닭이다. 그 한결같은 정성에 놀라 민들레 씨앗처럼 날아온 주보를 받으며 많은 이들이 감격했다. 그 덕에 각지에 흩어져 있던 생면부지의 사람들이 서로 알게 되었으니 크게 감사할 일이다. 이 책 끝에 실린 김성순 장로님은 민들레교회 주보를 첫 호부터 마지막 호까지 소장하고 계신다 했다.

최완택 목사님과의 산행 혹은 여름·겨울 수련회를 통해 남겨진 추억도 만만치 않다. 나보다도 더 진한 경험을 간직한 분들도 부지기수일 것이다. 내 경우 한 가지 이야기를 소개하고 싶다. 아마도 내가 경험한 것을 함께 기억하는 분들도 있을 법하다.

어느 겨울 강화도에서 배를 타고 깊숙한 섬으로 들어간 적이 있었다. 큰 사찰을 구경한 후 배 시간 때문에 모두가 서둘러 돌아와야 했던 상황이었다. 그런데 유독 목사님만이 마구 늦장을 부렸다. 조금 더 머물다가 이쪽 길로 가면 더 빠르게 선착장에 닿을 수 있다면서 우리의 조급함을 진정시켰다. 허나 선착장에 도착했을 때 배는 이미 출항했고, 걱정하는 우리를 향해 하루 더 머물게 되었으니 얼마나 좋으냐면서 손뼉을 치셨다. 그렇게 우리는 하룻밤을 더 그분과 함께 지내야 했다. 처음부터 목사님은 의중에 그런 계획이었나 짐작했다. 그만큼 사람을 좋아하셨고 자연과 벗 삼고 싶은 마음이 크셨다. 살아생전 그와 함께 목산회(목요일 산행)를 함께했던 목사님들 숫자를 합하면 수백 명은 될 것이다. 어느 산이든 부르는 이가 있으면, 누구라도 같이 가고자 하는 사람이 있으면 만사를 제치고 부름에 응하셨다. 산에서 얻은 기운으로 깨끗한 목회를 하라는 무언의 명령을 받곤 하였다.

건강하셨던 목사님에게 병이 찾아왔다. 다소 이른 연세였기에 우리에게도 충격이었다. 목사님은 병문안 받기를 원하지 않으셨다. 자신의 아픈 모습을 후배들에게 보이고 싶지 않았던 것이다. 이런 이유로 무심하게 지내던 어느 해 정월 초하룻날 병상에 계신 목사님의 전화를 받았다. "보고 싶어 전화했노라"고…. 너무 죄송해하는 나를 향해 "먼저 생각난 사람이 전화하는 것"이라며 아픈 몸으로 새해 인사를 먼저 전하셨다. 얼마 후 아들 최의명 목사와 함께 목사님을 찾아뵈었다. 돌아가시기 두 달 전쯤이었을 것이다. 야윈 모습이었으나 기개는 여전하셨고, 선친에 대한 기억을 끄집어냈고, 자신의 고교 동창 산악인 이야기를 많이 하셨다. 자신이 새롭게 시작했던 '기독교환경연대'에 대한 걱정도 많으셨다.

일견 투박한 사람처럼 보였으나 목사님은 속이 한없이 깊고 따뜻했다. 거칠게 말하지만 언제든 말속에 사랑이 담겼다. 자유혼을 최고 가치로 삼고 살았던 분이었으나 자신의 책임, 교회에 대한 책무 역시 소홀하지 않았다. 지금도 민들레교회 주보 속에 담긴 목사님의 글, 첫 글자부터 마지막 글자까지 한결같은 그 모습이 놀랍고 그런 고요와 평정심을 갖고 느릿하게 사셨던 목사님 존재가 참으로 커 보인다. 효율성의 시대는 갔고 이제 회복력의 시대가 돌아왔다고들 말한다. 최완택 목사님은 이 점에서 시대를 앞섰던 선생님이 아닐 수 없다. 자연을 통해 하느님을 보았고 그로써 목사들을 목사답게 했으니 말이다. 북산 최완택 목사를 생각하며 '북산과 함께 걷는 사람들' 모임이 만들어졌으니 고마운 일이다. 그를 꼭 닮은 아들 최의명 목사가 아버지 가신 길에 다시 발 들여 놓기를 기도하며 생각을 접는다.

고통을 품고 세상을 걱정한 의로운 영성가

　서강대 영문학과 졸업 후 감신대에 편입한 김준우 선생은
내가 4학년 졸업반일 때 3학년 학생이었다. 나이는 나보다
5~6세 많았지만, 나의 외우(畏友) 송순재 선생과 함께 한 학년
아랫반이 된 것이다. 당시 나는 그분을 막연하게만 알고 있었
다. 오히려 그의 형인 김준형 목사를 더 잘 알고 있었다. 감신
대 대학원 1기 졸업생으로서 변선환아카브의 맏형 역할을 했

었기 때문이다. 변선환 선생님을 기리는 행사가 있을 때마다 대학원 동문회가 늘 주관했던 바, 그 중심에 항시 김준형 목사가 계셨다. 이들 두 형제에 대해 잘 아는 어느 분의 이야기를 들은 적이 있다. 가난했지만 공부를 잘하던 수재들이었다고 했다. 김준우 박사의 경우 당시 수재들만 간다는 경기중학교에 입학했지만 집안 형편 탓에 공부에 집중할 수 없었다고 들었다. 서강대를 졸업할 때 가장 높은 토플 점수를 받았다는 이야기도 전해진다.

내가 김준우 박사님을 알게 된 계기는 그가 유학하던 미국 드류대학을 방문하면서였다. 1992년도로 기억되는 그해에 나는 첫 연구 학기를 얻어 미국 곳곳의 대학을 찾아다니던 때였다. 당시 그는 김지하의 생명 사상을 주제로 박사 논문을 쓰고 있었다. 그때 한인철 박사도 그곳에서 종교 간 대화를 주제로 박사과정을 밟고 있었던 것 같다. 생태학을 주제로 생명신학을 전개했던 내게 김준우 선생은 많은 질문을 했고, 물음을 버거워하면서도 열심히 답변했다. 몇 해 지나 논문을 마무리하고 귀국한 김 박사님 내외와 반갑게 만났다. 1971년도에 감신대 입학한 50명 학생 중 여학생이 2명이었는데 그 한 명인 우순덕 선배가 그의 부인이었다. 귀국 후 그는 상당 기간 강사 신분으로 지냈다. 감신에서는 그가 전공한 윤리학을 가르칠 기회가 없어 영어를 가르쳐야만 했다. 학생들 사이에선 애정을 갖고 가르치는 그의 영어 수업에 대한 칭찬의 소리가 자자했다. 그를 감신대 교수로 임명해야 한다는 쪽과 그를 수용할 수 없다는 편이 교수집단 내에서 나뉜 적이 있었다. 그가 목회 현장에 무익한 역사적 예수를 가르친다는 이유로 성서 신학자들의 반대가 컸던 것으로 기억한다. 그의 채용을 위해 이필완 목사를 비롯한 여러 동문들, 그리고 당시 교무처장이었던 송순재 교수가 애썼지만 결국 무산되는 아픔을 겪었다.

하지만 이런 아픔과 비견될 수 없는 고통을 김 박사님 내외가 겪어야 했다. 귀국 후 정착을 위해 바쁘게 산 탓에 자녀들에게 시간을 내 줄 수 없을 만큼 삶이 고단했다. 부모 따라 귀국한 중고등학생 자녀들에게 고국은 낯선 외국보다 더 적응키 어려운 공간이었을 것이다. 자식을 잃는 단장의 고통을 감내하며 지금껏 누구도 할 수 없는 큰일을 하신 두 분께 머리를 숙인다. 이런 글을 쓰는 것도 송구할 만큼 그 앞에서 묵언이 최상이나 그 상황을 견뎌 나름의 길을 만든 두 분의 삶에 경의를 표한다.

김준우 선생은 '한국기독교연구소'를 통해 백여 권의 책을 번역 출판했다. 그가 손수 번역하고 감수한 책을 대할 때마다 고통을 잊고자 애쓴 마음이 느껴져 쉽게 페이지를 넘길 수 없었다. 그런 그가 내게 책 한 권 번역해 보라고 권했을 때 거절할 수 없었다. 마침 은퇴한 이후라서 거절할 명분도 없었기에 해방신학자 레오나르두 보프(Leonardo Boff)의 『성령론 : 오소서 성령이여』(한국기독교연구소, 2017)를 출판했다. 사모님 우순덕 여사는 일산과 평택을 오가며 할머니가 된 기지촌 여성들의 노후를 돌보는 삶을 수십 년 동안 지속해 왔다. 젊은 연극인들이 이곳을 찾아 할머니들 스스로가 자신들 삶을 말하고 표현할 수 있는 길을 열게 했으니 이 또한 기적 같은 일이다. 대단한 여인, 우순덕 사모를 만나 이들 연극인들도 함께 변할 수 있었다.

　주지하듯 한국기독교연구소는 역사적 예수에 관한 서적을 압도적으로 많이 번역 출판했다. 어느 신학교에서도 관심 주지 않던 관련 책들을 출판함으로써 많은 이들의 정신적 갈급함을 해결해 준 것이다. 역사적 예수를 가르치는 신학교가 생겨나면 좋겠다는 생각도 해보게 되었다. 기독교를 갱신할 수 있는 길이 역사적 예수 연구에 있다고 믿은 이들이 적지 않기 때문이다. 하지만 김준우 선생은 정작 이에 만족하지 않았다. 역사적 예수가 역시 이론으로만 학습되고 있었던 까닭이다. 삶의 결핍은 역사적 예수 연구에서도 마찬가지였다. 김준우 선생이 영성에 관해 관심을 갖게 된 이유가 바로 여기에 있다. 영성이란 결국 구체적으로 사는 일이라 믿은 까닭이다. 하여 그가 번역한 영성 관련 책 수도 적지 않았다. 이런 전향은 김준우 교수 자신이 신학 함에 있어 과장되지 않고 정직하다는 반증일 것이다. 하지만 그는 사적 영성에 갇히지 않았고, 생태 위기 극복 차원의 우주 영성을 강조했다. 토마스 베리(Thomas Berry)의 저서를 비롯한 그가 펴낸 여러 권의 생태 관련 책들은 이 시대의 필독 도서가 아닐 수 없다. 기독교 신앙인이라면 반드시 읽고 고민할 책들이다. 이런 일련의 과정을 김준우 선생 홀로 기획하고, 의뢰했고, 스스로 감당했다. 아무리 좋은 번역물이라도 결국 그의 손을 거쳐야만 읽을거리가 되었다. 개인적 고통을 딛고 이처럼 엄청난 작업을 감당한 김준우 선배를 내가 선생이라 부르지 못할 이유가 전혀 없다. 방향은 달랐지만 우순덕 사모께서 일군 작업의 의미 또한 그에 못지않다.

가끔 만날 때마다 나는 선생에게 이제 번역 그만하고 본인 책을 썼으면 좋겠다고 말을 하곤 했다. 돌아오는 답은 한결같았다. "이제, 앞으로도 내 글은 쓸 수 없을 것 같다"고. 나는 그의 말을 아프게 받으며 수긍해야만 했다. 그의 번역작업은 고통을 잊고자 하는 몸부림이었기 때문이다. 그럴수록 그의 작업을 예사롭지 않게 여기며 귀하게 대하고 싶었다. 지금껏 나는 그의 손을 거친 뭇 책을 읽었고, 그것을 바탕으로 많은 논문을 썼다. 그가 못한 창조적 글쓰기를 하는 것이 그에게 보답하는 길이라 생각하고 있다. 소박한 그의 칠순 잔치에 함께할 만큼 평생 길벗이 되어 살고 있는 것이 고맙다. 이제는 길벗을 넘어 그를 선생이라 살며시 불러보고 싶다.

환우들의 아픔에 탄식했던 의로운 분

　　이신 박사님 추모행사(2022년 12월 5일)를 마치고 일주일 단식
일정을 시작했다. 연말에 한 주를 통 채로 비우기가 쉽지 않았
으나 몸과 마음을 비우고자 힘써 만든 시간이었다. 충남 서천
에 자리 잡은 야채효소단식원에서 이은선 교수와 함께 단식 3
일 차를 보내면서 참 좋은 곳이란 생각이 들었다. 지인들에게
추천하고픈 마음이 한가득이다. 단식을 하면서 오래전 민족생

활의학에 대한 가르침을 주었던 고 장두석(1938~2015) 선생님이 떠올랐다. 그때도 지금처럼 이은선 교수가 그분에 대한 정보를 주었기에 참여할 수 있었다. 김대건 신부를 기념하는 충청남도 어느 성당을 빌려 11박 12일 동안의 단식 과정을 어렵지 않게 마쳤던 소중한 기억이 있다.

스위스 유학 시절 나는 십이지장궤양으로 몇 년간 큰 고생을 했다. 소화력 저하는 물론 통증으로 밤잠을 잘 수도 없었다. 어떤 약도 소용이 없는 상태였다. 70kg 넘었던 체중이 57~8kg으로 줄면서 걱정이 커졌다. 당시 첫아이도 태어난 상태였다. 아무리 두꺼운 방석을 놓고 앉아도 피골이 맞닿았기에 엉덩이가 배겨 편히 앉을 수조차 없었다. 도무지 공부에 집중하기 힘겨운 상황으로 내몰렸다. 의사 처방을 받아 스위스 산골에서 3주간 휴양하면서 간신히 위기를 넘겼으나 조심해야 했다. 유학 기간 내내 그 좋은 유럽산 포도주나 커피 한 모금도 마실 수 없었고, 오로지 카모마일 차만 복용하며 지내야 했다. 그곳에선 출산한 산모가 이 차를 마시고, 그것 우린 물로 목욕하며 상처를 치유했다. 중세 수도원에서 발견된 지혜로 그 차가 우리의 미역국과 같은 역할을 했던 것이다.

귀국 후도 몸 상태가 여전히 좋지 않았다. 그런 상태에서 장두석 선생을 만났다. 그분은 축적된 민족의 지혜를 강조했다. 서구 의학과 기독교를 비롯한 서구 사상에 대한 큰 불신을 지녔다. 아픈 환우들에게 그간 잘못 살았던 삶의 흔적들을 스스로 찾게 하였다. 단식 자리에서 그는 민족사상을 가르쳤고, 한의사의 강의를 듣게 했으며, 문병란 시인의 「견우와 직녀에게」란 시를 읽도록 했다. 우리 삶의 지혜와 방식을 잃은 것이, 민족혼을 잃은 것이 마치 병의 원인인 것처럼 호통치며 가르치셨다.

신학대학 교수로서 장두석 선생의 말씀을 듣는 것이 아주 거슬렸으나 인내하며 열심히 듣고 기록을 남겼다. 사실 짐 챙

겨 돌아올 생각까지 했었다. 하지만 들을수록 배울 것이 컸고 생각할 여지를 남겨주었다. 단식 과정에서 냉온욕, 풍욕, 된장 찜질, 족욕을 비롯한 여러 형태의 운동, 잡초에 대한 이해, 화식의 문제점, 상생 상극론으로 본 인간 몸에 대한 이해 등 숱한 공부를 할 수 있었다. 이런 배움의 과정을 통해 후일 신학적 인간학을 달리 생각해야 할 이유를 발견했다. 몸 중심의 기독교 인간론을 구상할 수 있었다.

단식을 하며 엄청난 숙변을 배출한 것도 아주 놀라운 경험이었다. 내 몸속에 그토록 많은 찌꺼기가 머물러 있음을 여실하게 느꼈다. 배부르게 먹는 즐거움만 알았지, 몸을 비우는 기쁨을 그간 잊고 살았다. 그 경험을 근거로 '단식과 십자가'란 짧은 글을 썼던바, 이는 내가 다석 유영모 선생을 만나기 훨씬 이전이었다. 이 글을 논문으로 발전시킨 글이 나의 책 『조직신학으로서의 한국적 생명신학』(도서출판 감신, 1996) 속에 담겨있다. 물론 단식을 통해 건강도 회복되었고 이후 식습관도 달라졌다. 몸으로 느꼈기에 글쓰기도 달라졌다. 붓글씨 쓰는 법만 배우고 가르쳤던 내가 최초로 붓을 들고 글을 쓸 수 있게 된 상황과 견줄 수 있을 것 같다. 이런 연유로 나는 『신학의 생명화, 신학의 영성화』(대한기독교서회, 1999)란 책을 쓸 수 있었다. 지금도 신학이 생명적, 실학적이 되어야 한다는 생각은 여전하다.

이후 나는 장두석 선생님으로부터 누차 부름을 받고 단식장에서 기독교적 사유를 강의할 수 있었다. 특별히 개신교를 싫어했던 선생님이 개신교 신학자에게 나의 체험 사례를 기독교적 시각에서 발표할 기회를 주신 것이다. 상당히 오랜 기간 환우들 앞에서 강의했었는데 교회를 다니고 있던 환우들이 특히 좋아했었다. 당시 나는 자연을 '하느님의 약방'이라 불렀다. 밥은 하늘이지만 약일 수도 있었기 때문이다. 이후 나는 장두석 선생을 김흥호 선생님께 소개했고, 선생님께서 이에 응하셔서 강의를 들으셨던 것으로 기억한다. 장두석 선생의 책 『사람을 살리는 단식』(정신세계사, 1996)도 읽으셨다고 들었다. 그의 스승 다석이 명한 일식(一食)을 평소 실천하고 계셨기에 관심을 두셨던 것 같다. 감리교 농목 회원들에게도 선생님을 소개하여 몸 비우기를 배우도록 했던 바, 이후 지금껏 매해 연초에 이 일을 지속하고 있다.

환우들에 대한 장두석 선생님의 애정은 두텁고 깊었다. 아픈 이들의 상처 고름을 입으로 뽑아낼 정도로 말이다. 환우들 병을 보면서 우리 사회가 그렇게 만들었다며 분노하시던 모습이 눈에 선하다. 그분은 몸 고치는 존재로 머물지 않고 사회를 바꾸는 혁명가의 삶을 살았다. 민족의 지혜로 병을 예방할수 있는 길을 찾아 책을 만들었고, 그것으로 수많은 사람의 생명을 살렸다. 지금 전라남도 화순에는 그분이 애써 지은 민족생활학교가 건재하다. 기와집으로 지어진 기개 넘치는 공간이다. 그곳에서 여러 개신교 환우들과 기쁘게 만났던 기억이 있다. 목사인 나로 인해 안심하며 단식할 수 있었다는 말을 자주 들었던 곳이다.

다시 단식하러 낯선 곳에 머물면서 내 몸의 치유를 도왔고, 글쓰기 방식을 바꿔주었던 고 장두석 선생님을 고맙게 떠올려 본다. 광주 조선대병원 장례식장에서 선생님을 추모하는 각계각층의 사람들을 만났다. 환우들 탓에 고통하고 분노하며 마음 끓였기에 당신은 정작 80도 못 된 연세로 세상을 떠나셨으나 많은 이들이 선생님의 삶을 뜻 있게 기려주었다. 그분에게 의자(義者)란 호칭이 붙여진 것도 전혀 낯설지 않다.

엄주섭 장로님

정신(예술)적 가치를 소중히 여긴 창조적 기업가

　이번에 소개할 분은 앞선 선생님들과 견줄 때 아주 생소할 것이다. 그러나 나의 신학 활동에 큰 은혜를 베푸신 장로님이시다. 대표적인 중견기업 회장님으로서 누구보다 창조적 삶을 살고 계신다. 내 생애에서 창조적 기업가를 만나 인연을 맺게 된 것이 낯선 일이었으나 은총이었다.

내가 엄주섭 장로님을 처음 뵌 것은 햇수로 20년도 더 된 아주 이른 시기였다. 충북 영동(추풍령)에 세운 '주식회사 단해' 터전 안에 있는 단해감리교회를 통해서였다. 당시 그곳 담임자로 이학성 목사가 수고했고, 본인 동기생들(81학번)을 초청한 자리에 신학 강좌 차 초청된 것이 시작이었다. 생태신학, 창조론, 과학과 신학을 주제로 강의한 것을 장로님이 귀담아듣고 뜻깊다 여겨 이후 만남이 지속될 수 있었다. 이후 담임자들이 여러 차례 바뀌었어도 장로님과의 교제가 끊어지지 않았기에 깊은 인연이라 생각한다. 급기야 나의 제자들, 신익상 박사를 거쳐 지금 하태혁 목사가 10년 가까이 그곳에서 목회하고 있으니 그 인연이 결코 작거나 얕지 않다. 김득중 총장 시절 모교 감신에도 도움을 주셨기에 고마움이 크다.

장로님은 50여 년에 걸쳐 홀로 중견기업을 일구셨다. 중견기업으로는 손꼽히는 규모라 들었다. 고인 되신 장모님과 역시 세상을 떠난 사랑하는 아내의 신앙을 잇기 위해 추풍령 기업 터에 교회를 세워 믿음 생활을 잘하고 계신다. '믿음(정신)이 살아있어야 물질도 뜻을 얻는다'고 믿었던 까닭이다. 그분 신앙은 아주 진취적이고 창조적이다. '새로워라'가 그분 삶의 목표이자 기업을 이끄는 원리였다. 자기의 삶을 두루마리 일기장에 매일 기록하는 성실성, 인내와 끈기도 장로님의 덕목이다.

장로님은 독학으로 일본어는 물론 영어에도 능통하게 되었고, 심지어 한문을 쓰고 읽는 일에 있어 자유롭다. 그분의 붓글씨 실력은 감탄하지 않을 수 없다. 중국으로 기업을 확장할 때 한시(漢詩)로 상대방인 중국 행정가를 설득하여 성사시켰다는 이야기도 직접 들었다. 사업은 돈을 위한 것만이 아니라 결국 사람 간의 신뢰와 문화를 교류하는 차원도 있다는 것을 스스로 증명해 보였던 것이다.

단해 기업은 미국, 중국을 비롯하여 서울 곳곳에 분산되어 있다. 이에 더해 굳이 추풍령 시골로 다시 터를 잡은 것은 오로지 지방경제를 살릴 목적에서였다. 지금도 그 지역에 가장 많은 세금을 내는 기업으로 칭송받고 있다. 지방의 문화적 낙후를 막기 위해 미술관을 세웠고, 적자 폭을 키우면서도 미술작품을 사모아 전시를 지속하고 있다. 가난한 예술가를 응원할 목적도 이 속에 담겼다. 돈은 창조적으로 문화적인 일에 쓰여야 한다는 것이 그분 소신이었다. 하태혁 목사 내외가 미술관에서 큐레이터 역할을 하며 오가는 손님들을 맞고 있다. 그 덕에 미술에 대해 상당한 내공을 쌓게 되었고 미술에 대한 멋진 글도 쓰고 있다.

한국조직신학회 회장으로 몇 년 책임을 맡았을 때 엄주섭 장로님의 도움을 크게 받았다. 몇 차례에 걸친 전국조직신학자대회를 추풍령 단해교회에서 열 수 있도록 도운 것이다. 1박 2일 동안 70~80명에 달하는 학자들을 편히 지낼 수 있도록 살펴 주었다. 당시 단해 직원분들의 수고가 컸던 것을 잘 기억하며 감사하고 있다.

오래전 사모님이 돌아가셨을 때 장로님은 내게 장례예배를 맡겨주셨다. 담임자인 하태혁 목사와 함께 오늘의 장로님을 존재토록 했던 사모님의 존재를 소중하게 기려 드렸다. 지난 여름에도 기일을 맞아 교회 위쪽 동산에 모신 사모님 산소를 가족들과 함께 찾았다. 가족들 외에 외부 손님으로선 우리 부부가 유일하게 그 자리를 지켰다. 장례예배를 인도했던 귀한 인연 때문일 것이다.

그런데도 기업가로서 그분 삶에 대해 모르는 것이 아는 것보다 훨씬 많을 것이다. 기업 회장님을 장로님으로 모시고 교회 일을 하는 목사도, 직분을 맡은 직원들도 일반 교회와 견줄 때 어려움이 클 수 있을 것이다. 성격상 엄한 측면도 자주 눈에 보이는 까닭이다. 수백 명의 직원을 이끌려면 어쩔 수 없는 덕목이라 생각한다. 하지만 우리와 대화할 때는 언제든 순수하고 따뜻한 마음으로 임하신다. 때로 논쟁도 일어나곤 했다. 정치적 이견이 표출되었고, 역사를 보는 시각차가 있었던 탓이다. 허나 몇 번 오가는 대화 속에서 쉽게 공통분모가 만들어졌다. 80대 중반을 넘기신 장로님이 우리 입장을 힘껏 존중해 주신 덕분이다. 끝에 가서는 늘 우리의 신학 작업을 응원한다는 말씀을 남겨주셨다.

신학 활동을 하면서 이렇듯 뜻으로 마음으로 지원하는 어른이 있다는 사실이 큰 힘이 되었다. 우리와 다른 삶을 사셨지만 기업을 이끄는 정신, 사람을 대하는 태도, 문화와 예술을 사랑하는 열정 그리고 정신의 중요성을 인지하고 격려하는 그분 마음은 신학자인 우리 이상이었다. 이 글에서 엄주섭 장로님을 마음속으로 조용히 선생님이라 부르는 이유일 것이다. 허나 홀로 되셨기에 노년에 외로움이 크실 것 같아 걱정스럽다. 그럴수록 내적으로 더 강건해지셔서 장모님과 사모님이 남겨주신 신앙 유산을 더욱 빛내 주실 것을 기도한다. 정신의 힘,

기도의 능력을 알고 또 믿고 계시기에 우리의 말을 빈말로 듣지 않으실 것이다. 지금도 주말마다 서울과 추풍령을 오가며 단해교회에서 주일예배를 드리고 계신다. 가끔 주일 아침마다 우리 부부를 생각했다며 전화를 주곤 하신다. 올해도 장로님을 몇 차례 뵐 기회가 있을 것이다. 건강한 모습으로 만날 수 있었으면 좋겠다. 단해교회를 오가며 만났던 여러 직원들 얼굴도 떠오른다. 장로님 권유로 신학자들을 섬기시느라 고생 많이 하셨다.

김성순 장로님

동학교도가 되신 기독교 장로님

1986년 귀국 직후 민들레교회 주보를 통해 장로님 소식을 접했고, 몇 차례 참석했던 교회 수양회에서 한두 차례 장로님을 뵌 적이 있었다. 김천에서 포도 농사를 짓고 계신 어른이란 정도의 지식만 갖고 있었으나 그분을 기억한 시간만큼은 사뭇 오래되었다. 그런 장로님을 60대 후반 아주 늦은 나이에 다시 깊게 만나게 되었으니 감개무량하다. 더구나 90세를 훌쩍 넘기신 연세였고, 기독교를 떠나 동학에 심취한 상태였기에 그 사이 30년 동안 도대체 무슨 일이 있었기에 이토록 큰 변화가 있었는지 궁금하지 않을 수 없다. 그래도 내 입에선 '장로님' 이란 호칭이 절로 나왔고 그 어른도 이를 마다하지 않으셨다. 오히려 최완택 목사님과의 인연이 이렇듯 이정배 교수에게 까지 이어졌다며 좋아하셨다. 민들레교회 주보를 창간호부터 마지막 호까지 잘 보관하고 있다는 말씀도 감격하며 들었다.

얼마 전 고 채희동 목사가 남기고 떠난 『샘』지에 고은경 집 사께서 나의 책 『귀일신학』(신앙과지성사, 2021)을 읽은 감상을 실 은 적이 있다. 평소 다석 유영모를 좋아했던 장로님께서 그 글 을 보시고 출판사에 책 100권을 주문하여 지인들에게 읽도록 나눠 주셨다. 출판사도 놀랐고 나도 고마움에 어쩔 줄을 몰랐 다. 비단 나의 책만 그런 것이 아니었고 장로님이 좋게 여긴 책 이 있으면 누차 그렇게 하셨던 것을 추후 알게 되었다. 이은선 교수의 『사유하는 집사람의 논어 읽기』(모시는 사람들, 2020)도 여러 사람 손에 들려 읽도록 했으니 장로님께 진 사랑의 빚이 적지 않다. 지난 연말 서울에서 무슨 상을 받으신다고 사모님과 올라오시면서 기차 안에서 연락을 주셨다. 이 교수와의 인연을 고맙게 생각한다는 말씀을 재차 하셨다. 시상식장으로 달려가 뵈었어야 했는데 그럴 수 없는 상황이었기에 죄송했다.

  장로님은 김천 인근에서 60년간 포도 농사를 지으셨다. 숱한 시행착오 끝에, 땅과 포도나무의 성질을 깊이 연구하고 보살핀 결과로 타의 추종을 불허하는 재배법을 찾아내셨다. 하지만 홀로 성공하는 것에 목적을 두신 분이 아니었다. 가톨릭 농민회 활동을 하시면서 농민들이 대접받는 세상을 위한 길에 앞장섰고, 사회(농촌)구조 변혁을 위해 일했다. 지역화를 통해서만 참된 세계화가 가능하다고 믿었던 사상가이기도 했다. 장로님의 출판기념회 — 자서전 『황악산 거북이의 꿈』(모시는 사람들, 2022)과 시집 『거북이 마침내 하늘을 날다』(시와 에세이, 2022) — 장에서 임낙경 목사와 더불어 농민 지도자 교육을 받은 것도 알게 되었다. 강원용 목사의 크리스챤 아카데미 농촌 지도자 양성 프로그램에 함께 참여했던 것이다. 장로님은 도법 스님과도 오래전부터 깊이 만나는 사이였다. 이 두 책을 읽으며 장로님께서 동학에 마음을 빼앗긴 이유를 찾을 수 있었다. 내 마음이 곧 하늘마음이자 이웃의 마음인 것을 깨닫고 사람 모두가 하늘처럼 대접받는 구체적 길을 동학에서 발견했던 것이다. 교회가 본뜻을 잃고 교세 확장, 교회 건축에 마음 빼앗긴 탓에 우리는 좋은 장로님을 잃은(?) 것이다.

장로님은 지금도 정신개벽을 위해 쉼 없이 책을 읽으셨다. 그분 손에 들려 읽힌 동서양의 서적들 수를 헤아릴 수조차 없을 것이다. 대구 YMCA 모임을 통해 지역 내 깨인 지성들과 정신적 교제를 지속하셨다. 보수화된 경북, 그러나 수운 최제우를 탄생시킨 이 지역의 본래성(本來性)을 회복시킬 목적에서였다. 반독재 투쟁이 일어났던 대구를 처음 모습으로 되돌리고 싶으셨던 까닭이다. 일본의 조선 침략사를 연구한 책 『야마베

겐타로와 현대』(씨알누리, 2015)도 번역하셨고, 이를 근거로 한일 양국의 사람들이 함께 동학 유적지를 순례하는 계기도 만드셨다. 이런 문제의식 속에서 선생님은 결국 제도, 교리를 앞세운 보수적 기독교보다 동학의 가르침에 귀의했다. 최근에는 교회 생활을 고집(?)하던 며느님까지 마음을 돌렸다 한다. 하지만 내가 보기에 '오심즉여심(吾心卽汝心)'이란 말처럼 그렇게 장로님의 과거와 현재의 마음 또한 절대 다르지 않았다.

장로님은 자서전에서 전태일이 어머니에게 말했다는 글귀를 인용했다. "내가 죽으면 아무것도 보이지 않는 이 캄캄한 세상에 빛이 스며들 수 있는 조그만 구멍 하나가 생길 거예요. 노동자와 학생들이 힘을 합쳐 그 구멍을 넓힐 수 있도록 해줘요." 장로님도 이런 심정으로 대구 김천 지역에서 죽기를 각오하며 사셨다. 그분이 함석헌을 좋아했던 것도 같은 이유였다. "⋯아무도 죽지 않았더라면 어떻게 이 겨레의 정신이 살아 이어질 수 있었겠는가?"라는 함석헌 말씀에 충격을 받았던 것이다. 그분이 동학을 만난 것도 이런 연유에서였다. 인습화된 기독교가 전태일과 함석헌을 멀리 한 까닭에 선생님 심중에 동학이 들어 온 것이다.

이처럼 나의 인생 끝자락에 김성순 장로님이 '뜻밖의 은총'이 되어 찾아온 것을 하늘에 감사한다. 그분의 넓고 깊은 가슴을 상상하는 것만으로도 가슴이 벅차다. 삶과 생각이 하나였고, 물질과 정신을 함께 개벽했으며, 자신과 사회를 불이적(不二的) 차원으로 엮어 낸 장로님의 삶을 그 자체로 종교이자 신앙으로 여기고 싶다. 항시 이 둘 사이의 괴리로 고통 해온 우리에게 장로님은 답을 주셨다. 어떤 종교에도 얽매이지 말고 자신 속에서 모신 하느님을 찾아 살면 그리 될 것이라고 말이다. 이런 장로님을 어찌 스승이라 여기며 감사치 않을 수 있을 것인가?

앞서 말한 김성순 장로님의 저서 『황악산 거북이의 꿈』을 지인들에게 읽어볼 것을 권하는 중이다. 최근 진주의 어른 김장하 선생의 이야기가 회자되고 있다. 그분과 김성순 장로님의 삶이 상당 부분 중첩되어 읽힌다. 종교적 형식에 매이지 않고 하늘을 품은 순전한 마음으로 펼쳐낸 이 어른들의 삶이 김천과 진주를 바꾸고, 이 땅 전체를 다른 곳으로 변모시킬 수 있을 것이다.

긍정과 비판을 아울러
소금 유동식 선생님을 추모하다

　인생이 길면 80이라는 성사 말씀도 다시 쓰여야 할 만큼 선생님은 백수를 넘겨 사셨다. 짧은 기간 동안 의식을 잃고 지내셨으나 인생 끝자락에 이르기까지 선생님만큼 또렷한 생각을 갖고 사셨던 분도 찾기 어려울 것이다. 그간 선생님의 삶을 품위 있게 지켜준 동료 선후배 교수들에게 감사한다. 나는 어느 순간부터 선생님과 거리를 두며 지냈기에 몇 년간 뵙지를 못했다. 이른 오후에 찾은 탓에 텅 비어있는 빈소에서 선생님께 그간의 마음을 토로하며 송구한 마음을 길게 전했다. 이 글은 선생님에 대한 추모의 글이다. 하지만 제목에서 밝혔듯이 아쉬운 마음도 정직하게 토로할 것이다. 사실 선생님에 대해서는 학생 시절부터 귀에 못 박힐 정도로 들어왔다. 그만큼 전설이시기도 하다. 하지만 이제는 선생님과 솔직한 대화를 나눠볼 작정이다. 추앙하는 것만이 선생님을 기리는 방식은 아닐 것이라 믿는 까닭이다.

지금껏 내 손으로 선생님 기념 논문집을 두어 차례 만들어 드렸다. 그런 연유로 소금 선생님의 신학 사상을 연구하여 몇 편의 논문을 썼고, 그분 신학 사상을 거지반 이해하고 있다. 무속연구를 시작으로 성서학자로서 「요한복음」을 좋아하셨고, 최종적으로 풍류신학을 전개하신 선생님을 나는 이론과 논리가 정교한 한국 최고의 조직신학자로 평가했다. 이것은 결코 과한 이해가 아니었다. 이하에서 밝히겠으나 선생님은 자신의 풍류 연구를 바탕으로 성서학, 한국 교회사, 선교학 등을 자유자재로 활용하시며 토착 조직신학의 얼개와 구조를 드러내셨다. 어떤 신학자도 선생님의 체계적 신학 사유를 능가할 분이 없다는 것이 지금껏 내 생각이다. 허나 어느 좌담회에서 선생님께 드렸던 물음을 소환하며 다른 측면도 끄집어내 본다. 1960년대 전후로 나라가 정치적 혼돈에 빠졌을 때 시대 정황에 맞지 않게 토착화신학을 선언하신 이유를 선생님께 여쭈었었다. 나라를 빼앗긴 경험을 한 당신 세대들에게 나라 내부적 정치 문제는 사소한 것으로 보였기에 괘념치 않고 토착화신학을 시작했다고 답하셨다.

솔직한 답변이었으나 두고두고 당시 증언은 토착화 전통을 잇는 내게 심한 체증이 되었다. 당대 종교학자 정진홍 교수와 선생님을 견주며 이 땅의 종교들을 이해하는 방식 차에 관한 질문도 있었다. 기독교를 위주로 사유했던 신학자와 한국 종교의 기초이념을 앞세운 종교학자 간의 이견이 노출되었다. 유불선 종교의 현재적 의미를 실종시킨 선생님과 이와 반대로 종교학자는 기독교를 외래종교로 여겼다. 기독교적 실존을 우선, 절대시했던 선생님은 종교들의 현재적 다원성에 별반 관심을 두지 않았다. 상술한 두 논점은 선생님 돌아가신 지금까지 내게 풀어야 할 과제로 남아 있다.

우선 유동식 교수님의 신학적 입장을 긍정적 입장에서 검토해 보겠다. 때론 논쟁거리가 되곤 했던 선생님의 신학적 전제는 대략 다음 세 가지로 요약할 수 있다. 첫째 한국 기독교는 구약성서 없이도 한국사상(풍류도)을 신약성서의 그리스도와 연결할 수 있다. 둘째 한국 기독교는 십자가 대신 삼태극을 상징으로 삼아야 옳다. 마지막으로 삼태극은 부활을 상징하며, 따라서 이 땅의 기독교는 십자가의 종교가 아니라 부활의 종교여야 한다는 것이다. 이런 세 가지 전제 속에 앞서 필자가 품었던 물음의 단초가 내재되어 있다. 이 땅의 종교문화를 강조했으나 기독교(론) 중심으로 이해했고 정치적 현실, 곧 십자가 없는 부활에 강조점을 둔 까닭이다. 상세한 논의는 후술하겠고 여기서 삼태극을 먼저 설명해야겠다.

주지하듯 삼태극은 천지인 '삼재론'과 무관치 않다. 농경 문화권에서 '태극양의(太極兩儀)'설을 전개한 중국과 달리 수렵문화인 시베리아 등지에서는 천지인이 하나 되는 삼재 사상을 발전시켰다. 『천부경』에서 흔적을 찾을 수 있는 삼재론은 사람 속에서 하늘과 땅이 하나 된다는 논거가 핵심이다. 이 삼재론이 음양론과 합하여 후일 한글 창제의 원리가 되었다. 이렇듯 천지인의 조화가 인간 속에서 완성되는 — 인중천지일(人中天地一) — 삼태극 사상을 선생님은 풍류라 불렀고, 고운 최치원의 말대로 현묘지도(玄妙之道)라 일컬었다. 사물 모양으로 뜻을 나타내는 녹도문자로 기록된 『천부경』을 최초로 한문으로 풀어낸 학자가 고운이었고, 이를 순수 우리 글로 다시 엮은이가 다석 유영모인 것을 유념할 일이다. 여하튼 이 도는 유불선을 포함하는 통섭의 주체로서 사람과 사물에 접하는 순간마다 생명을 창조하는 역할을 했다. 이렇듯 포함삼교(包含三敎)와 접화군생(接化群生)은 현묘지도인 삼태극을 드러내는 풍류 사상의 핵심이었다. 선생님은 앞서 본대로 이 땅의 기독교는 한민족의 정신적 뿌리인 풍류도에 접목될 것을 강조했다. 여기서 소위 '접목'이란 토착화 이론이 생겨났다. 비록 고사 직전에 있지만 '풍류도'라는 뿌리에 생기를 흠뻑 지닌 기독교가 가지로 접붙여져 뿌리 힘을 살려내는 것을 선교라 여긴 것이다. 이것을 성육신 종교로서 기독교가 이 땅에서 할 일이라 생각했다. 현묘지도, 포함삼교, 접화군생의 각기 다른 말인 한, 멋, 삶, 곧 '한 멋진 삶'을 창조하는 것을 기독교의 역할로 규정한 것이다.

여기서 선생님의 공과(功過)가 두루 읽힌다. 우선 '접목론'이 상징하듯 한국문화와 기독교를 주체와 주체 간의 만남으로 이해한 점은 씨앗·토양론으로 설명한 동시대 토착화 신학자인 윤성범과 비교할 때 진일보했다. 하지만 서구 기독교에 대한 이데올로기 비판 없이 낙관, 긍정 일변도로 수용한 한계 역시 여실하다. 초월과 내재를 매개하는 성육신의 종교, 기독교를 이론(논리)적으로만 생각한 결과였다. 여하튼 선생님은 풍류의 드러남인 한, 멋, 삶, 즉 아직 가능태로만 남아 있는 풍류도를 성육신 기독론에 근거하여 완성하려는 이론적 작업을 멋지게 수행했다.

앞서 말했듯이 풍류도는 현실 역사 속에서는 '한 멋진 삶', 곧 하늘과 땅이 인간 속에서 하나(人中天地一)가 되지 못한 채 어느 것이 다른 것보다 우위를 점하는 방식으로 존재했다. 불교의 경우 초월, 곧 '한'의 종교로서, 반면 유교는 내재(세상성)를 강조하는 '삶'의 종교로서 한국 종교사를 구성했던 것이다. 이제 이들 종교를 앞선 역사로 삼아 이 땅에 유입된 기독교는 '한'과 '삶'을 연결하는 '멋'의 종교가 되어 풍류도를 완성시켜야 하는 바, 즉 한 멋진 삶을 창출할 책임이 있는데 이를 바로 「요한복음」이 강조하는 대로 '신이 인간이 된' 성육신의 종교,

기독교의 몫이라 여겼다. 초월과 내재를 연결 짓는 힘으로서의 기독교를 뿌리(풍류도)를 살리는 줄기라고 본 것이다. 여기서 '멋'은 곧 부활을 대신하는 미학적 용어라 봐도 좋다. 성육신 종교인 기독교는 '멋'을 창조하는 종교로서 그의 실상을 부활이라 일컬은 것이다. 선생님이 기독교적 실존의 실재로 삼는 '영성 우주'는 멋의 종교적 표현인 부활의 다른 이름이겠다. 하지만 여기서 삶의 현장성을 강조하는 십자가가 쉽게 탈각될 여지가 크고 많다. 이는 1960년대 삶의 현장을 목도하면서도 그를 지나쳤던 선생님의 토착화론의 연장선상에서 이해할 수 있다. 실제로 서울대 미학과 교수였던 김문환 선생께서 살아생전 '십자가를 최고의 미(아름다움)'로 여겼던 프랑크푸르트 학파계열 철학자 아도르노(Thodor Ludwig W. Adorno)의 말을 빌려 선생님의 예술론을 비판한 적도 있었다. 뿐만 아니라 본회퍼의 비종교론에 대해서도 선생님은 서구 신학 사조의 일환이라 여기며 큰 의미를 두지 않았다. 본회퍼 신학에 대해 단호하게 거리를 두셨던 어느 자리에서의 말씀을 선명히 기억한다.

선생님은 상술한 풍류의 세 차원인 한, 멋, 삶의 구조를 갖고 한국 내 교파적 기독교와 이 땅에서 생기(生起)한 여러 신학 사조를 설명하셨다. 한(초월)을 대변해온 예수교장로회, 삶(역사)을 강조한 기독교장로회, 그리고 양자를 매개하는 감리교회의 분류가 그것이다. 한과 삶을 멋으로 통전시키는 작업이 일명 토착화신학이었고, 그것은 곧 멋의 신학이기도 했다. 선생님의 논리대로라면 기독교가 여타 종교의 성취이듯 감리교가 기독(개신)교의 완성이어야 했다. 토착화는 그에게 성육신 신학의 다른 이름이었던 까닭이다. 여하튼 이들은 각기 보수신학, 진보신학, 자유주의 신학이라 불렸으나 선생님은 자유란 말에 방점을 찍었다. 선생님은 이런 범주를 갖고 한국 신학의 광맥을 찾고자 했다. 여러 출중한 인물과 사조들이 이 구조 속에서 설명되었다.

하지만 정형화된 도식은 언제든 허점이 있는 법이다. 아주 중요했지만 선생님이 찾은 광맥 속에 편입되지 못한 신학 사조들도 여럿 있었다. 예컨대 기독교 사회주의, 자생적 환원 운동 등이 그것이다. 선생님의 시각은 우익 민족주의 계열, 즉 기독교와 민족주의의 만남 속에서 형성된 것으로 사회주의 차원을 애당초 담아낼 수 없었다. 더구나 유수 잡지에 쓰인 글을 갖고 평가했기에 현실에서 벌어진 세밀한 운동을 찾아내지 못한 것이다. 한, 멋, 삶이란 단순 구조를 갖고 신학의 다양성을 분류하기는 더욱 어려워질 것이다. 이 세 흐름이 상호 얽혀서 작동하는 경우가 많은 탓이다.

선생님 신학의 백미는 멋의 실재로서의 부활, 곧 '영성 우주'에 대한 설명 속에서 잘 드러난다. 그는 '영성 우주(한)', '시공 우주(삶)' 그리고 양자가 상즉상입(相卽相入) 된 '통합 우주(멋)'를 위 구조에 따라 다시 설명했다. 시간과 영혼이 나뉠 수 없는 불이적 상태로 얽인 상태를 멋이자 부활의 실재라 본 것이다. 이런 우주는 제자리에 머물지 않고 삼태극 모양처럼 휘몰아치면서 나선형으로 발전되어 간다고 상상했다. 이런 과정에서 영성 우주와 시공 우주가 궁극적으로 하나가 되는 상태를 부활이자 종말이고 기독교의 미래라고 역설했다. 하지만 시공 우주와 영성 우주가 하나 된 우주의 미래는 과연 어떤 곳이고 어떤 상태를 적시하는 것일까? 일전 대화문화아카데미에서 신·구교 소속 은퇴신학자들 10여 명을 모시고 '내가 믿는 부활'이란 주제로 글을 써서 발표할 기회를 가진 적이 있었다. 단행본으로도 출판되어 세인들 관심을 많이 끌었다. 각양각색으로 부활이 설명되고 고백되었으나 선생님은 이들 중 가장 보수적이란 평가를 받았다. 영성 우주와 시공 우주가 하나 된 부활의 상태에서 먼저 떠나보낸 사랑하는 아내를 살아생전의 모습 그대로 만날 수 있다는 신앙을 피력했기 때문이다. 시공 우주와 영성 우주의 불이성, 삶의 세계 속으로 한의 세계의 이행, 바로 이것이 풍류(風)의 궁극 처였다. 이처럼 선생님에게는 부활이 기독교적 실존의 핵심이었다. 선생님은 세상을 떠난 지금도 여전히 영성 우주가 시공간 속에 내주하는 그때를 기다리고 계실 것이다. 부활이 그가 이해하는 기독교의 핵심이었기 때문이다.

하지만 나는 풍류에 대해 선생님과 조금 다른 시각을 갖고 있다. 삼태극(삼재) 사상의 핵심은 '인중천지일(人中天地一)'의 '인(사람)'에게 있다. 아래아(ㆍ)의 변화에 따라 뜻과 소리가 달라지는 한글이 이를 적시한다. 그래서 포함삼교에 방점을 찍은 선생님과 달리 나는 접화군생에 무게 중심을 두는 것을 선호한다. 멋이 아니라 삶의 차원을 더 강조할 필요에서다. 풍류는 현실을 달리 만드는 일에 관심할 뿐이다. 풍류(도)에까지 연이 닿은 동학사상이 바로 이점을 강조했다. 세상 안에서 다른 세상을 만드는 것이 그들의 개벽이었다. 선생님의 기독교 실존은 유불선 종교를 더 이상 역할이 없는 과거의 종교로 만들어 버렸다. 그들에게도 그들의 종교적 실존이 있고 미래에 대한 전망이 있음에도 말이다. 하지만 동학의 경우 유불선을 무화시키지 않았다. 개벽은 그들과 함께하는 다른 세상인 까닭이다. 이런 신학적 차이로 인해 한순간 선생님과의 거리감이 생겼다. 어느 날 조선일보에 실린 용산 참사에 관한 기사를 접하고 오신 선생님은 그 짓을 빨갱이 짓거리라 여기며 분노하셨다.

생각의 차이가 있을 것이라 예견했지만 선생님의 과한 표현에 동의할 수 없었다. 더구나 내 제자 중 한 사람이 목회의 길 대신 용산참사대책위 사무를 보고 있었기에 더욱 그러했다. 지금은 도시빈민연대의 사무총장을 맡아 수고하는 그를 생각하니 선생님의 말씀을 수긍키 어려웠다.

언제부턴가 나는 종교적 차이보다 정치 견해의 다름에 주목한다. 종교란 결국 세상 보는 관점을 선사한다고 생각하기 때문이다. 정치적 판단이 바르지 않았기에 지금 나라가 이처럼 위태롭지 않은가? 이 점에서 정치적 소신을 함께하는 보수신학자들의 신학이 더 소중하게 여겨졌다. 그럴수록 신학적 자유주의가 정치적 보수성으로 퇴행하는 현실에 아픔을 느껴야 했다. 신학과 정치는 새의 두 날개처럼 함께 움직여야 할 것이기에 토착화신학이 이점을 간과하지 않기를 소망하면서 말이다. 정치적 토착화와 문화적 토착화는 결코 나뉠 수 없는 주제여야 한다.

소금 유동식(1922~2022) 교수님에 대한 존경은 조금도 덜하지 않다. 앞서 말했듯이 선생님만큼 풍부한 역사적 자료를 갖고 풍류신학이란 체계를 세우신 분을 찾기 어렵기 때문이다. 백수를 하실 만큼 여유롭고 즐겁게 사셨던 선생님, 돌아가신 사모님만을 그리워하며 곧게 사셨던 선생님, 살아생전 후학들에 의해 전집 출간의 기쁨을 누리셨던 선생님은 이 땅에서 하늘 복을 누구보다 충족히 받으신 분이다.

종종 선생님처럼 말을 천천히 하고 싶었지만 그리할 수 없는 한계를 여실히 느끼곤 했다. 그 여유와 느림의 미학을 선생님 살아생전 배울 수 없었으나 이제라도 그 흐름을 좇아 볼 생각이다. 신학자들을 산봉우리에 비유하신 김경재 교수님 말씀처럼 소금 선생님 신학은 아름다운 묘향산과 견줄 수 있을 것이다. 선생님은 자기만의 특색 있는 멋의 신학을 세우셨다. 지금껏 이야기는 선생님을 존경한 어설픈 후학의 푸념일 수도 있다. 한계가 바로 그의 장점이자 특색인 것을 모르지 않기 때문이다. 평소 선생님도 안타깝게 생각했던 일아 변선환 선생님 종교재판 30년 행사를 선생님 사후 잘 마무리했다. 신학 차이가 컸음에도 하늘나라에서 기쁘게 지켜보셨을 것이라 믿는다.